POLNISCH leicht & locker

Der Sprachkurs (fast) ohne Grammatik

von Dr. Agnieszka Putzier

PONS

Polnisch
leicht & locker

Der Sprachkurs (fast) ohne Grammatik

von Dr. Agnieszka Putzier

Identisch mit ISBN 978-3-12-562397-2

Sie finden die Audio-Dateien zu Ihrem Buch in der Scan2Learn-App oder als Download, indem Sie den QR-Code hier einscannen oder auf folgenden Link gehen:
www.pons.de/leicht-und-locker-polnisch

2. Auflage 2025

Projektleitung: Angela de Riese
Redaktion: Agnieszka Grzesiak, Angela de Riese
Logoentwurf: Erwin Poell, Heidelberg
Logoüberarbeitung: Sabine Redlin, Ludwigsburg
Layout: tebitron GmbH, Gerlingen
Satz: Digraf.pl - dtp services
Audioproduktion: db media dupré & buhr gbr, Raubach
Gesprochen von: Gosia Wójcik, Kamil Król
Druck und Bindung: Multiprint Ltd., Kostinbrod

ISBN: 978-3-12-566060-1

Witamy!

Sie haben keinerlei Vorkenntnisse in Polnisch und möchten gerne ohne lästiges Grammatikpauken ein wenig sprechen lernen? Mit *PONS Polnisch leicht & locker* funktioniert das Sprachenlernen wie ein Baukastensystem: Sie lernen Wörter oder kleine Sprachbausteine und können dann selbstständig damit viele Sätze bilden.

Wie lernen Sie mit dem Sprachkurs?

Der Sprachkurs enthält **12 Lektionen**. Jede Lektion besteht aus einem Dialog, der Satz für Satz, Baustein für Baustein präsentiert und anschließend erklärt wird. Passend zum Thema lernen Sie dann noch weitere Wörter und Wendungen und landestypische Eigenheiten kennen. Alle Wörter und Sätze werden mit einer vereinfachten Umschrift präsentiert, die Ihnen die Aussprache erleichtert, sowie mit der Übersetzung. Zwischendurch können Sie in zahlreichen Übungen das Gelernte anwenden. Die **Lösungen** finden Sie direkt bei den Übungen.

Am Ende jeder Lektion finden Sie den kompletten **Wortschatz der Lektion** in kleine Portionen aufgeteilt. Sie können sich den Wortschatz außerdem auch anhören und so nochmals die Aussprache trainieren und die Wörter lernen. Anschließend finden Sie dann **den kompletten Dialog abgedruckt und vertont**.

Die **Grammatik** wird in diesem Sprachkurs nur am Rande behandelt. Bei den Übungen steht das Bilden von Sätzen mit Hilfe der Bausteine im Vordergrund, ohne dass Sie die Grammatik perfekt beherrschen müssen.

Im **Anhang** finden Sie die Übersicht der im Buch verwendeten Umschrift sowie einen Überlebenswortschatz.

Um die richtige Aussprache zu lernen, können Sie sich alle Wörter und Dialoge auch anhören. Laden Sie sich dazu die **Scan2Learn-App** herunter und wählen Sie Ihr Buch aus. Eine genaue Anleitung finden Sie auf der inneren Umschlagseite. Scannen Sie mit der App eine Buchseite mit Kopfhörer-Symbol. Sie können dann die passenden Audios abspielen. Alternativ finden Sie unter **www.pons.de/leicht-und-locker-polnisch** die **Audio-Dateien** zu Ihrem Buch **als Download**.

Viel Spaß beim Polnischlernen!

Ihre PONS-Redaktion

Angaben in der Wortliste
Bei Adjektiven ist immer nur die männliche Form angegeben. Bei Substantiven, die im Plural stehen, wird dies explizit genannt.

INHALT

1 W KAWIARNI
IM CAFÉ

Sie kennen sicherlich schon einige Wörter auf Polnisch, in manchen Fällen wissen Sie es vielleicht nur noch nicht. Sehen Sie selbst. Welche Wörter kennen Sie bereits?

In Polen gibt es unzählige Gebäckspezialitäten. Das wollen Sie sich sicher nicht entgehen lassen. Sehen Sie hier, wie Sie in einem Café Kaffee und Kuchen bestellen.

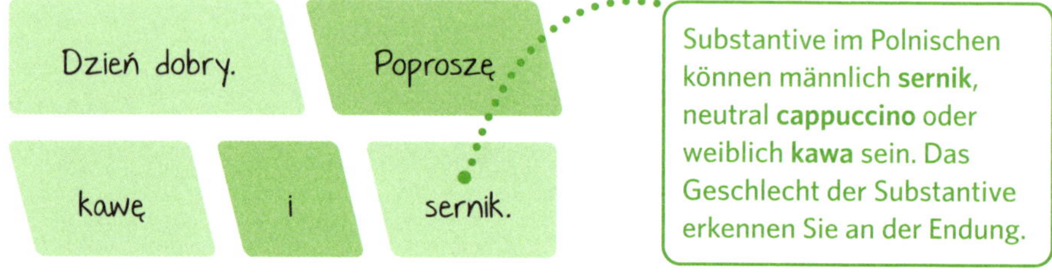

[DSCHjenj dobri. poprosche kawe i ßernik]
Guten Tag. Ich hätte gern einen Kaffee und ein Stück Käsekuchen.

Wenn Sie ein Geschäft oder ein Lokal betreten und jemanden begrüßen möchten, sagen Sie **dzień dobry** [DSCHjenj dobri!]. Sie wundern sich, wieso wir in der Umschrift einen Strich unter dem Vokal **o** gesetzt haben? Die Unterstreichung dient zur Erleichterung der Aussprache und markiert die Betonung der Silbe **do**. Im Polnischen liegt die Betonung meist auf der vorletzten Silbe – im Falle des Wortes **dobry** ist die erste Silbe zugleich die vorletzte.

Eine weitere Besonderheit ist die Aussprache von **dzi** und **ń**. Das lernen Sie jetzt.

Jetzt sind Sie dran.

Das **dzi** wird ähnlich ausgesprochen wie im deutschen Wort *Jeans*. Achten Sie bewusst darauf, dass bei der Aussprache von **dzi** [DSCHj] die Zungenspitze unten ist und die untere Zahnreihe berührt. Der Laut klingt dadurch viel weicher! Übrigens: In der Umschrift haben wir bei [DSCHj] Großbuchstaben eingesetzt, um darauf aufmerksam zu machen, dass dieser Laut stimmhaft ist. Stimmhaft bedeutet einen summenden Laut, wie z.B. [DSCH], stimmlos ein zischendes [sch]. Versuchen Sie nun, folgende Laute auszusprechen und achten Sie auf die Zungenspitze. Bei den ersten beiden ist sie oben, beim dritten Laut unten: [sch] – [DSCH] – [DSCHj].

Machen wir nun weiter mit **ń**. Auch diesen Laut gibt es im Deutschen, und zwar im Wort *Kognak*. Achten Sie bei der Aussprache auf die Position Ihrer Zunge bei den Buchstaben *gn*. Wiederholen Sie das Wort einige Male. Sie werden merken, dass der Zungenrücken kurz den Gaumen berührt und dann wieder nach unten bewegt wird. Trainieren Sie das erst ein wenig mit dem einzelnen Laut *gn*. Versuchen Sie es dann mit dem polnischen Wort **dzień** [DSCHjenj] *Tag*.

So, nun können Sie schon mal die Begrüßung. Kommen wir jetzt zur Bestellung. Diese drücken Sie mit dem Wort **poproszę** [poprosche] *ich hätte gern* aus. Danach nennen Sie die Produkte, die Sie gerne bestellen möchten, z.B. **Poproszę kawę i sernik**. *Ich hätte gern einen Kaffee und ein Stück Käsekuchen.* Sie wollen also höflich **kawa** *Kaffee* und **sernik** *Käsekuchen* bestellen. In Polen bekommen Sie auch noch folgende Kaffee-, Kuchen-, Torten- und Gebäckspezialitäten:

cappuccino [kaputschino]	*Cappuccino*
drożdżówka [droschDSCHufka]	*kleines Hefegebäck*
eklerka [eklerka]	*Éclair*
espresso [espreso]	*Espresso*
kawa (z mlekiem i z cukrem) [kawa s mlekjem i s tsukrem]	*Kaffee (mit Milch und Zucker)*
karpatka [karpatka]	*Brandteigkuchen mit einer Vanille-Pudding-Creme*
latte macchiato [late makjato]	*Latte Macchiato*
pączek [pontschek]	*Berliner*
sernik [ßernik]	*Käsekuchen*
szarlotka [scharlotka]	*Apfelkuchen*
tort czekoladowy [tort tschekoladowi]	*Schokoladentorte*

Wenn Sie sich die Aussprache des Wortes **pączek** [pontschek] ansehen, werden Sie merken, dass der Vokal **ą** nasal – wie das on in *Bonbon* – ausgesprochen wird. Im Polnischen gibt es zwei Vokale, die nasal ausgesprochen werden: das **ą** und das **ę**. Aber: Stehen die Nasalvokale am Wortende – wie in dem Wort **poproszę** [poprosche] – werden sie nicht mehr nasal ausgesprochen.

Wenn Sie etwas bestellen, brauchen Sie im Polnischen genau wie im Deutschen den Akkusativ, z.B.: **kawa** *ein Kaffee* → **Poproszę kawę.** *Ich hätte gern einen Kaffee.* Den Akkusativ von femininen Substantiven bildet man durch das Anhängen der Endung **-ę**, z.B. **kawa → kawę**. Weitere Beispiele: **drożdżówka → drożdżówkę** [droschDSCHufke], **eklerka → eklerkę** [eklerke], **karpatka → karpatkę** [karpatke], **szarlotka → szarlotkę** [scharlotke].

Und nun widmen wir uns noch der Höflichkeit. Sie haben bei der Bestellung das Wort **poproszę** [poprosche] gelesen. Das bedeutet *bitte* und sollte nicht vergessen werden. **Poproszę** verwenden Sie sowohl wenn Sie jemanden siezen, als auch wenn Sie jemanden duzen. Sie können **poproszę** im Café, im Restaurant, in der Apotheke, auf dem Markt etc. verwenden.

Und jetzt sind Sie dran.

Versuchen Sie folgende Dinge im Café zu bestellen. Die richtige Lösung finden Sie unten. Aber nicht spicken. Versuchen Sie es erstmal selbst. Bleiben Sie höflich!

1. Einen Kaffee und einen Apfelkuchen bitte.

2. Einen Cappuccino und einen Käsekuchen bitte.

3. Einen Espresso und ein Stück Schokoladentorte bitte.

4. Einen Latte Macchiato und ein Hefegebäck bitte.

5. Einen Kaffee mit Milch und einen Berliner bitte.

Lösung

1. Poproszę kawę i szarlotkę.
2. Poproszę cappuccino i sernik.
3. Poproszę espresso i tort czekoladowy.
4. Poproszę latte macchiato i drożdżówkę.
5. Poproszę kawę z mlekiem i pączek.

Damit können Sie nun schon Ihren ersten polnischen Satz verstehen und auch sprechen. Aber Sie sind ja im Café noch nicht fertig. Weiter geht's. Sie bekommen nun das Bestellte:

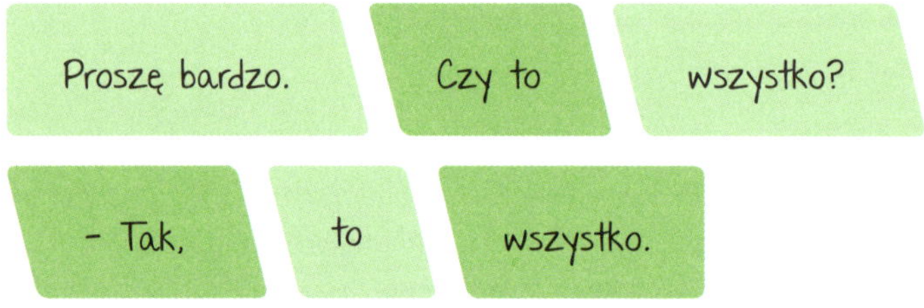

[prosche bardso. tschi to fschißtko? - tak, to fschißtko.]

Bitte sehr. Ist das alles? - Ja, das ist alles.

Sie wundern sich jetzt wahrscheinlich, warum auf den Seiten zuvor **poproszę** und auf dieser Seite **proszę** verwendet wird? Zwischen den beiden Wörtern gibt es einen kleinen aber feinen Unterschied. **Poproszę** klingt höflicher als **proszę** und wird verwendet, wenn man sich an jemanden mit einer höflichen Bitte wendet, z.B. in einem Restaurant oder in einem Café.

Die Frage **Czy to wszystko?** kann man mit *Ist das alles?* übersetzen. Das Wort **czy** wird oft weggelassen, ohne dass die Bedeutung sich ändert. Dann lautet die Frage **To wszystko?** Wenn Sie eine Frage wie *Ist das alles?* bejahen wollen, dann sagen Sie **Tak, to wszystko.** [tak, to fschißtko]. Wenn Sie doch noch mehr bestellen wollen, sagen Sie **Nie, poproszę jeszcze...** [nje, poprosche jeschtsche] *Nein, ich hätte noch gerne ...*

Und jetzt sind Sie dran.

Sie wollen doch noch mehr bestellen. Ordnen Sie die richtige Übersetzung zu. Die richtige Lösung finden Sie unten im Kästchen.

Nie, poproszę jeszcze...

1. drożdżówkę i kawę z mlekiem.	___ **A** ein Éclair.
2. tort czekoladowy.	___ **B** einen Apfelkuchen.
3. szarlotkę.	___ **C** ein Hefegebäck und Kaffee mit Milch.
4. eklerkę.	___ **D** ein Stück Schokoladentorte.

Lösung
1. C, **2.** D, **3.** B, **4.** A

Nachdem Sie keine weiteren Wünsche haben, nennt Ihnen der Verkäufer noch den Preis:

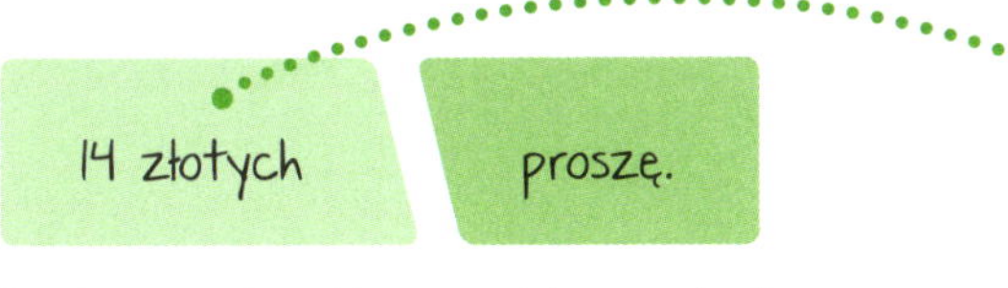

Die polnische Währung heißt **złoty** (der Zloty). Ein **złoty** besteht aus 100 **groszy**.

[tschternaschtschje suwotich prosche.]
14 Zloty bitte.

Sie fragen sich jetzt bestimmt, warum der polnische Zloty oben gleich in zwei Formen erscheint? Die Form **złoty** wird nur nach der Zahl 1 verwendet. Nach den Zahlen 2, 3 und 4 sowie den Zahlen ab 20 mit 2, 3 und 4 am Ende verwendet man die Form **złote**. Nach allen anderen Zahlen kommt die Form **złotych** zum Einsatz.

Sehen Sie hier die Zahlen bis 20.

1 **jeden** [jeden]
2 **dwa** [dwa]
3 **trzy** [tschi]
4 **cztery** [tschteri]
5 **pięć** [pjenjtsch]
6 **sześć** [scheschjtschj]
7 **siedem** [schjedem]
8 **osiem** [oschjem]
9 **dziewięć** [DSCHjewjentschj]
10 **dziesięć** [DSCHjeschjentschj]
11 **jedenaście** [jedenaschjtschje]
12 **dwanaście** [dwanaschjtschje]
13 **trzynaście** [tschinaschjtschje]
14 **czternaście** [tschternaschjtschje]
15 **piętnaście** [pjentnaschjtschje]
16 **szesnaście** [scheßnaschjtschje]
17 **siedemnaście** [schjedemnaschjtschje]
18 **osiemnaście** [oschjemnaschjtschje]
19 **dziewiętnaście** [DSCHjewjentnaschjtschje]
20 **dwadzieścia** [dwaDSCHjeschjtschja]

Jetzt sind Sie dran.

Wandeln Sie folgende Zloty-Beträge in Zahlworte um. Denken Sie an die richtigen Zloty-Formen!

1. 10 zł

2. 20 zł

3. 2 zł

4. 3 zł

Lösung
1. dziesięć złotych
2. dwadzieścia złotych
3. dwa złote
4. trzy złote

Nachdem Sie dem Verkäufer das Geld gegeben haben, bedankt sich dieser bei Ihnen und verabschiedet Sie.

Proszę bardzo. | - Dziękuję. | Do widzenia! | - Do widzenia!

[prosche bardso. DSCHjenkuje. do widsenja. do widsenja.]
Bitte schön. Danke. Auf Wiedersehen! Auf Wiedersehen!

Um sich auf Polnisch zu bedanken, verwendet man das Wort **dziękuję** [DSCHjenkuje]. Bevor Sie das Café verlassen, verabschieden Sie sich mit **do widzenia** [do widsenja], was *auf Wiedersehen* bedeutet. Familie und Freunde kann man mit einem **cześć** [tscheschjtschj] verabschieden oder auch begrüßen, denn **cześć** bedeutet *hallo* und auch *tschüs*.

Es ist in Polen zudem üblich und ein Zeichen von Höflichkeit, an das **dzień dobry** oder **do widzenia** noch **pani** [pani] oder **panu** [panu] anzuhängen. Man begrüßt also eine Frau mit **dzień dobry pani** [DSCHjen dobri pani] und einen Mann mit **dzień dobry panu** [DSCHjen dobri panu]. Sind es zwei oder mehrere Frauen, verwendet man **dzień dobry paniom** [DSCHjen dobri panjom]. Bei zwei oder mehreren Männern sagt man **dzień dobry panom** [DSCHjen dobri panom]. Bei einem Paar und einer Gruppe von Menschen sagt man **dzień dobry państwu** [DSCHjen dobri panjstfu]. Das gleiche gilt auch für die Verabschiedung: **do widzenia pani**, **do widzenia panu**, **do widzenia paniom**, **do widzenia panom** und **do widzenia państwu**.

Und jetzt sind Sie dran.

Begrüßen und verabschieden Sie folgende Personen und denken Sie dabei an die Höflichkeit. Die Lösung finden Sie im Kasten unten. Aber versuchen Sie es erst einmal selbst! Sie schaffen es bestimmt!

1. Begrüßen Sie eine Frau.

2. Verabschieden Sie sich von einem Mann.

3. Begrüßen Sie ein Paar.

4. Verabschieden Sie sich von einem Freund.

Lösung
1. Dzień dobry pani. **2.** Do widzenia panu. **3.** Dzień dobry państwu. **4.** Cześć!

Jetzt sind Sie dran.

Hier sehen Sie nun alle Wörter, die Sie in dieser Lektion gelernt haben. Lernen Sie die Wörter am besten in kleinen Häppchen. Wir haben hier immer Wörter thematisch zu kleinen Portionen zusammengefasst, die dann in einem Track zu hören sind. Scannen Sie die Seite mit der **Scan2Learn-App** oder laden Sie die Audios unter **www.pons.de/leicht-und-locker-polnisch** herunter. Wiederholen Sie die Vokabeln mehrmals in kurzen Abständen. Sprechen Sie die Wörter beim Lernen laut vor sich hin, sie prägen sich so besser ein.

TR. 1

dzień dobry [DSCHjenj dobri]	*guten Morgen, guten Tag*
pani [pani]	*die Dame, Frau (als Anrede)*
pan [pan]	*der Herr, Herr (als Anrede)*
dzień dobry paniom [DSCHjenj dobri panjom]	*Guten Tag die Damen*
dzień dobry panom [DSCHjenj dobri panom]	*Guten Tag die Herren*
dzień dobry państwu [DSCHjenj dobri panjstfu]	*Guten Tag die Herrschaften*

TR. 2

cześć [tscheschjtschj]	*hallo, tschüs*
do widzenia [do widsenja]	*auf Wiedersehen*
dziękuję [DSCHjenkuje]	*danke*
proszę (bardzo) [prosche (bardso)]	*bitte (sehr)*

TR. 3

cappuccino [kaputschino]	*Cappuccino*
drożdżówka [droschDSCHufka]	*ein kleines Hefegebäck*
eklerka [eklerka]	*Éclair*
espresso [espreso]	*Espresso*
kawa (z mlekiem i z cukrem) [kawa s mlekjem i s tsukrem]	*Kaffee (mit Milch und Zucker)*
karpatka [karpatka]	*Brandteigkuchen mit einer Vanille-Pudding-Creme*
latte macchiato [late makjato]	*Latte Macchiato*

pączek [pontschek] *Berliner*
sernik [ßernik] *Käsekuchen*
szarlotka [scharlotka] *Apfelkuchen*
tort czekoladowy [tort tschekoladowi] *Schokoladentorte*

TR. 4

jeden [jeden] *eins*
dwa [dwa] *zwei*
trzy [tschi] *drei*
cztery [tschteri] *vier*
pięć [pjentschj] *fünf*
sześć [scheschjtschj] *sechs*
siedem [schjedem] *sieben*
osiem [oschjem] *acht*
dziewięć [DSCHjewjentschj] *neun*
dziesięć [DSCHjeschjentschj] *zehn*

TR. 5

jedenaście [jedenaschjtschje] *elf*
dwanaście [dwanaschjtschje] *zwölf*
trzynaście [tschinaschjtschje] *dreizehn*
czternaście [tschternaschjtschje] *vierzehn*
piętnaście [pjentnaschjtschje] *fünfzehn*
szesnaście [scheßnaschjtschje] *sechzehn*
siedemnaście [schjedemnaschjtschje] *siebzehn*
osiemnaście [oschjemnaschjtschje] *achtzehn*
dziewiętnaście [DSCHjewjentnaschjtschje] *neunzehn*
dwadzieścia [dwaDSCHjeschjtschja] *zwanzig*

TR. 6

Czy to wszystko? [tschi to fschißtko] *Ist das alles?*
nie [nje] *nein*
Poproszę (jeszcze)... [poprosche jeschtsche] *Ich hätte (noch) gern ...*
tak [tak] *ja*
złoty [suwoti] *Zloty*

Und nun sind Sie fit, um bereits die erste kleine Situation in Polen erfolgreich zu meistern. Hören Sie sich den ganzen Dialog im Café an.

TR. 7

- Dzień dobry. Poproszę pączek i cappuccino.
- Proszę bardzo. To wszystko?
- Tak, to wszystko.
- Czernaście złotych proszę.
- Proszę bardzo.
- Dziękuję. Do widzenia pani.
- Do widzenia.

Zum Schluss der Lektion ein paar Möglichkeiten, um einfach und mit wenigen Bausteinen verschiedene Sätze zu bilden, die Ihnen in einem Café weiterhelfen können.

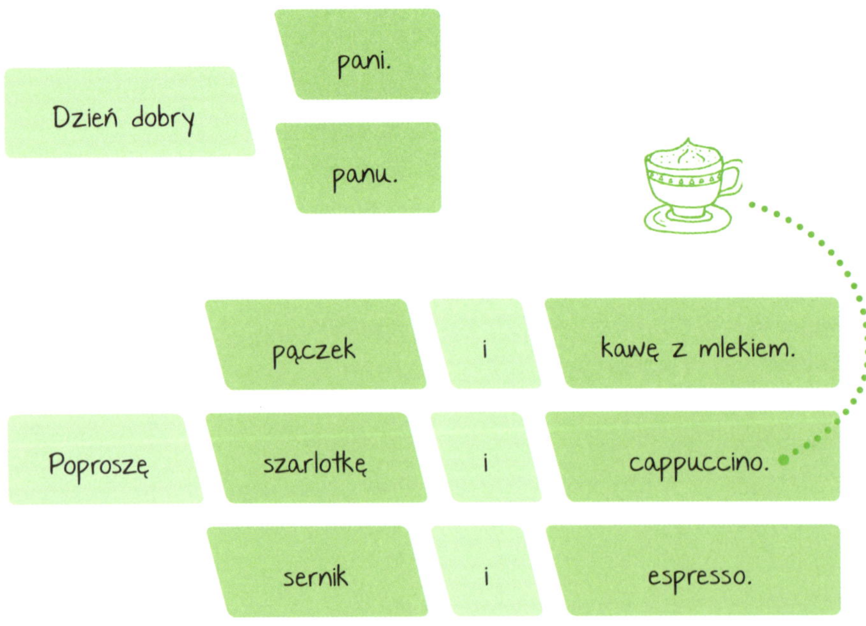

2 NA UROCZYSTOŚCI RODZINNEJ
AUF EINER FAMILIENFEIER

Sie haben jetzt die ersten polnischen Wörter gelernt und Ihren ersten Dialog gemeistert. In dieser Lektion geht es darum, sich vorzustellen. Dabei helfen Ihnen ein paar Wörter aus der ersten Lektion, und andere Vokabeln kennen Sie vielleicht bereits. Sehen Sie selbst.

dzień dobry
Guten Tag

proszę
bitte

po polsku
auf Polnisch

pan
Herr

po niemiecku
auf Deutsch

pani
Dame/Frau

przepraszam
Entschuldigung

Polska
Polen

Niemcy
Deutschland

dziękuję
danke

Sie sind auf einer Familienfeier in Polen. Wie unter eingeladenen Gästen so üblich, fragt Sie Ihr Tischnachbar nach Ihrem Namen und Sie kommen ins Gespräch. Damit Sie etwas länger im Gespräch bleiben, lernen Sie in diesem Kapitel, wie man sich auf Polnisch vorstellt und die Herkunft erfragt bzw. nennt.

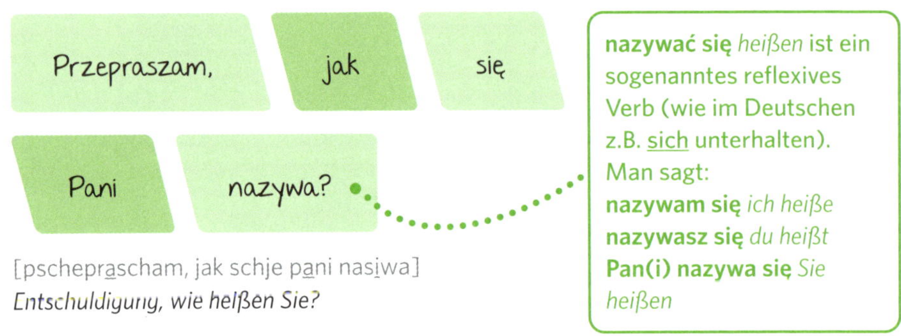

[pscheprascham, jak schje pani nasiwa]
Entschuldigung, wie heißen Sie?

Die Frage setzt sich aus drei Teilen zusammen:
Aus der Verbform **przepraszam** *Entschuldigen Sie bitte*, dem Fragewort **jak** *wie* und der Verbform **się Pani nazywa** vom Verb **nazywać się** (siehe im Grammatikkasten). Ganz wörtlich übersetzt lautet die Frage also: *Entschuldigen Sie bitte, wie sich Sie nennen?*

Damit aus dem Satz eine Frage wird, geht man am Ende des Satzes mit der Stimme leicht nach oben.

[nasiwam schje simone meier. a pan?]
Ich heiße Simone Meier. Und Sie?

Um sich vorzustellen, gibt es im Polnischen zwei Möglichkeiten. Hier sehen Sie die erste Möglichkeit: **Nazywam się** [nasiwam schje] gefolgt von Vor- und Nachnamen. Prägen Sie sich die Wendung **nazywam się** gut ein.

Wenn Sie wissen wollen, wie Ihr Tischnachbar heißt, dann können Sie mit einem **A Pan?** [a pan?] *Und Sie?* die Gegenfrage stellen. Wenn die Frage von einer Tischnachbarin kommt, verwenden Sie **A Pani?** [a pani?] *Und Sie?* Wenn Sie Ihren Gesprächspartner duzen, sagen Sie **A ty?** [a ti?] *Und du?* Zum Duzen verwendet man im Polnischen wie im Deutschen die 2. Person Singular **ty** *du*. Beim Siezen verwendet man die Anredeformen im Singular **Pan/Pani** *Sie* oder im Plural **Państwo** *Sie*.

Jetzt sind Sie dran.

Ordnen Sie den Fragen die richtige Antwort zu.

1. Jak się Pani nazywa?
- ☐ **A** Nazywam się Jens Meier.
- ☐ **B** Nazywam się Simone Meier.

2. Jak się Pan nazywa?
- ☐ **A** Nazywam się Andrzej Nowak.
- ☐ **B** Nazywam się Anna Nowak.

3. Jak się nazywasz?
- ☐ **A** Poproszę kawę i sernik.
- ☐ **B** Nazywam się Basia Kowalczyk.

Lösung
1. B, **2.** A, **3.** B

Jetzt lernen Sie einige polnische Vornamen und die häufigsten polnischen Nachnamen kennen. Von Vornamen werden häufig Verkleinerungsformen gebildet, statt **Barbara** [barbara] sagt man zum Beispiel **Basia** [baschja]. Die Verkleinerungsformen werden auch im formellen Kontext in Verbindung mit der Anredeform **pan/pani** *Herr/Frau* verwendet werden, z.B. **pani Basia** [pani baschja], **pan Jarek** [pan jarek]. Nachnamen, die auf -cki und -ski enden, werden nur bei Herren verwendet, z.B. **Jarosław Nowakowski** [jarosuwaf nowakofski]. Bei Frauen wird die weibliche Form -cka und -ska verwendet, z.B. **Barbara Nowakowska** [barbara nowakofska].

Jetzt sind Sie dran.

Hier sehen Sie einige polnische Vor- und Nachnamen. Schaffen Sie es, die richtigen Kurzformen zuzuordnen? Sprechen Sie die Namen laut aus. Die Umschrift hilft Ihnen bei der richtigen Aussprache.

1. Barbara Nowakowska	___ **A** Ania [anja]
2. Jarosław Nowakowski	___ **B** Basia [baschja]
3. Anna Lewandowska	___ **C** Kuba [kuba]
4. Jakub Lewandowski	___ **D** Kasia [kaschja]
5. Katarzyna Kowalska	___ **E** Wiesiek [wjeschjek]
6. Wiesław Kowalski	___ **F** Jarek [jarek]

Lösung
1. B, **2.** F, **3.** A, **4.** C, **5.** D, **6.** E

Auf Ihre Frage **A Pan?** *Und Sie?* antwortet Ihr Tischnachbar:

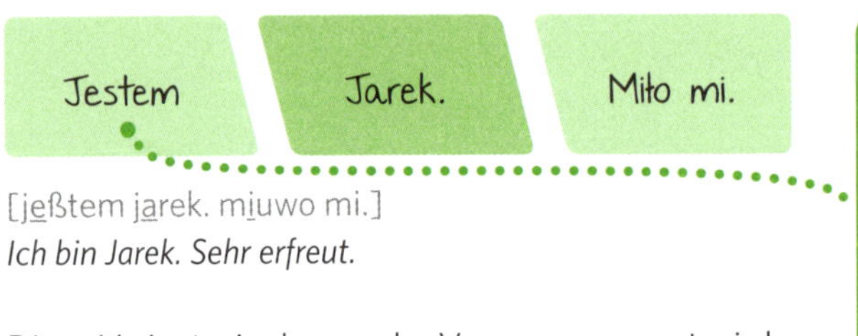

[jeßtem jarek. miuwo mi.]
Ich bin Jarek. Sehr erfreut.

być *(sein)*
(ja) **jestem** *ich bin*
(ty) **jesteś** *du bist*
on/ona/ono **jest** *er/sie/es ist*
my **jesteśmy** *wir sind*
wy **jesteście** *ihr seid*
oni/one **są** *sie sind*

Diese Variante, in der nur der Vorname genannt wird, ist weniger formell und kann z.B. auf einer Familienfeier verwendet werden. Die Verbform **jestem** [jeßtem] *bin* ist die erste Person des Verbs **być** *sein*, das hier ohne das Personalpronomen **ja** *ich* verwendet wird. Für den Moment ist es aber nur wichtig, dass Sie sich die Form **jestem** *(ich) bin* gut einprägen.

Das angehängte **miło mi** [miuwo mi] verwendet man in Polen, wenn man jemanden kennenlernt und sich gegenseitig vorstellt. Das bedeutet im Deutschen so viel wie *Angenehm* oder *Sehr erfreut* (*Sie kennen zu lernen*). Sie können hierauf **mnie również** [mnje ruwnjesch] *mir auch* antworten.

Jetzt können Sie sich selbst vorstellen und Ihre Tischnachbarn nach Ihren Namen fragen. Der erste Schritt, um ein Gespräch mit Ihren Tischnachbarn zu beginnen, ist getan. Damit Sie sich die Wendungen besser einprägen können, sind Sie jetzt am Zug.

Jetzt sind Sie dran.

Ergänzen Sie die Lücken im Dialog mit den folgenden Wörtern.

Nazywam | **nazywa** | **Jestem** | **Pani** | **Przepraszam** | **Miło mi**

A: 1. ____________, jak się Pan **2.** ____________?

B: 3. ____________ się Klaus König. A **4.** ____________?

A: 5. ____________ Kasia. **6.** ____________.

Lösung
1. Przepraszam, **2.** nazywa, **3.** Nazywam, **4.** Pani, **5.** Jestem, **6.** Miło mi

Ihr Tischnachbar möchte Sie noch näher kennenlernen.

Skąd? *Woher?*
und **Jak?** *Wie?*
sind häufige Fragewörter im Polnischen.

[ßkont pani jeßt?]
Woher kommen Sie?

Nachdem Sie nun ins Gespräch gekommen sind, möchte Ihr Tischnachbar wissen, woher Sie kommen. Dazu verwendet er die Frage **Skąd Pani jest?** [ßkont pani jeßt?] *Woher kommen Sie?*

Die Frage setzt sich aus drei Teilen zusammen. Aus dem Fragewort **skąd** *woher*, aus der Anredeform **Pani** und aus der Verbform **jest** vom Verb **być** *sein* (siehe oben im Grammatikkasten). Ganz wörtlich übersetzt lautet die Frage: *Woher Sie sind?*

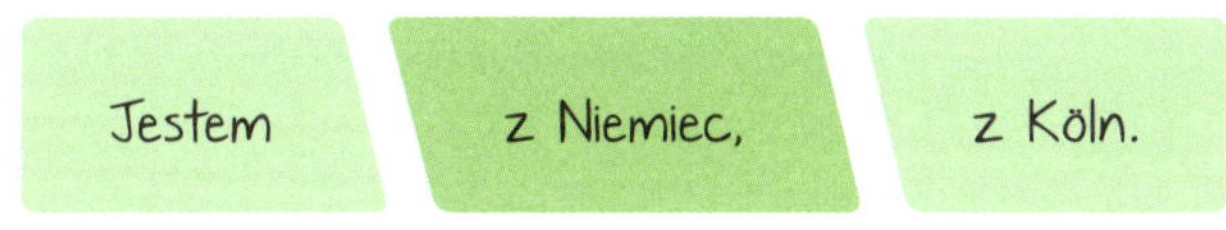

[jeßtem snjemjets, ßköln]
Ich bin aus Deutschland, aus Köln.

Auf die Frage nach der Herkunft antworten Sie am besten mit **Jestem z** + Herkunftsland/-stadt.

Die meisten Ländernamen sind weiblich.

Anglia [anglja] *England*
Estonia [eßtonja] *Estland*
Francja [frantsja] *Frankreich*
Hiszpania [hischpanja] *Spanien*
Polska [polßka] *Polen*
Rosja [roßja] *Russland*
Szwecja [schfetsja] *Schweden*
Turcja [turtsja] *die Türkei*
Ukraina [ukraina] *die Ukraine*

Es gibt einige Ländernamen im Plural.

Czechy [tschehi] *Tschechien*
Niemcy [njemtsi] *Deutschland*
Węgry [wengri] *Ungarn*
Włochy [wuwohi] *Italien*

Um zu sagen, aus welchem Land man kommt, gebraucht man die Präposition **z** [s] *aus*.

Nach der Präposition **z** *aus* stehen die Substantive im Genitiv, z.B.:
z Anglii *aus England*
z Polski *aus Polen*
z Niemiec *aus Deutschland*
z Włoch *aus Italien*

Bei der Aussprache werden zwischen z aus und dem Namen des Landes keine Pausen gemacht - beide Wörter verschmelzen zu einem Wort, z.B. **z Niemiec** [snjemiets] und **z Polski** [ßpolßki]. An diesen Beispielen sehen Sie außerdem, dass **z** manchmal stimmhaft [s] und manchmal stimmlos [ß] ausgesprochen. Stimmhaft bedeutet ein summendes **s** [s], stimmlos ein zischendes [ß]. Das ist für Sie immer in der Umschrift angegeben.

Jetzt sind Sie dran.

Ordnen Sie den Fragen die richtige Antwort zu.

1. Jak się Pani nazywa?
☐ **A** Jestem Kasia.
☐ **B** Jestem z Polski, z Warszawy.
☐ **C** Jestem Jarek.

2. Skąd Pan jest?
☐ **A** Nazywam się Andrzej Nowak.
☐ **B** Jestem z Anglii, z Londynu.
☐ **C** Miło mi.

3. Jak się nazywasz?
☐ **A** Dzień dobry pani.
☐ **B** Nazywam się Ania Skok.
☐ **C** To wszystko.

4. Skąd jesteś?
☐ **A** Jestem Andrzej.
☐ **B** Jestem Agnieszka.
☐ **C** Jestem z Polski, z Wrocławia.

Lösung
1. A, **2.** B, **3.** B, **4.** C

Ihr Tischnachbar fragt nochmal nach Ihrer Heimatstadt:

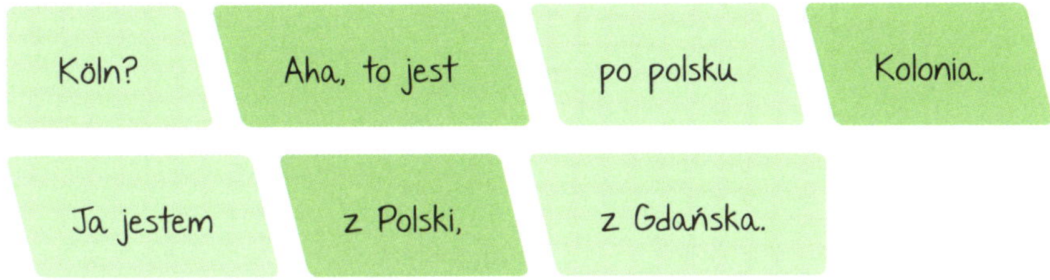

[köln? acha, to jeßt po polßku kolonja. ja jeßtem ßpolßki, sgdanjßka]
Köln? Ah, das ist „Kolonia" auf Polnisch. Ich bin aus Polen, aus Danzig.

Im Polnischen verändern einige deutsche Städte ihre Schreibweise, z.B. **Kolonia** [kolonja] *Köln*, **Monachium** [monahjum] *München* und/oder ihre Betonung, z.B. **Berlin** [berlin] *Berlin*. Aber wenn Sie die korrekte Schreib- bzw. Sprechweise Ihrer Heimatstadt auf Polnisch nicht kennen, so wird Sie Ihr Gesprächspartner bestimmt trotzdem verstehen.

Jetzt sind Sie dran.

Hier sehen Sie einige deutsche und europäische Städtenamen auf Polnisch. Schaffen Sie es, ihre Entsprechungen auf Deutsch zuzuordnen? Die Umschrift hilft Ihnen bei der richtigen Aussprache.

1. Drezno [dresno]	___ A Prag
2. Kilonia [kilonja]	___ B Rom
3. Bruksela [brukßela]	___ C Dresden
4. Paryż [parisch]	___ D Paris
5. Praga [praga]	___ E Brüssel
6. Rzym [SCHim]	___ F Kiel

Lösung
1. C, **2.** F, **3.** E, **4.** D, **5.** A, **6.** B

Um auszudrücken, wie etwas auf Polnisch lautet, sagt man **po polsku** [po polßku] *auf Polnisch*. Beispiele für andere Sprachen sind: **po niemiecku** [po njemjetsku] *auf Deutsch* und **po angielsku** [po angjelßku] *auf Englisch*. Eine wichtige Wendung, die Sie sich merken sollten, ist: **Jak się mówi ... po polsku?** [jak schje muwi ... po polßku?] *Wie sagt man ... auf Polnisch?* Ein polnischer Ausdruck, den Sie (nicht nur) als Antwort hören werden, ist **to jest** [to jeßt] *das ist*.

Im Polnischen werden Verben in der ersten und zweiten Person, also *ich, du, wir* und *ihr* meist ohne Personalpronomen verwendet – diese stehen nachfolgend in Klammern.

(ja) [ja]	*ich*
(ty) [ti]	*du*
on [on]	*er*
ona [ona]	*sie*
ono [ono]	*es*
(my) [mi]	*wir*
(wy) [wi]	*ihr*
oni [oni]	*sie (für eine Gruppe von Männern oder eine gemischte Gruppe)*
one [one]	*sie (für eine Gruppe von Frauen)*

In unserem Beispiel **Ja jestem z Polski, z Gdańska.** *Ich bin aus Polen, aus Danzig.* wird das Verb **jestem** mit dem Personalpronomen **ja** *ich* verwendet. Diese Variante stellt eine seltene Betonung dar – in unserem Beispiel möchte der Sprechende die Aufmerksamkeit seines Gesprächspartners auf sich selbst lenken und sicherstellen, dass die Information nach dem davor Gesagten **To jest po polsku Kolonia.** nicht untergeht.

Jetzt sind Sie dran.

Stellen Sie folgende Fragen auf Polnisch.

1. Woher kommt ihr?

2. Woher kommst du?

3. Wie heißt du?

4. Wie sagt man „Breslau" auf Polnisch?

Lösung
1. Skąd jesteście?
2. Skąd jesteś?
3. Jak się nazywasz?
4. Jak się mówi „Breslau" po polsku?

Nun wünscht Ihnen Ihr Tischnachbar viel Vergnügen auf der Familienfeier:

Przyjemnej zabawy! - Dziękuję, nawzajem.

[pschijemnej sabawi! DSCHjenkuje, nawsajem.]
Viel Vergnügen! - Danke, gleichfalls.

Der Ausdruck **przyjemnej zabawy!** [pschijemnej sabawi!] setzt sich zusammen aus dem Adjektiv **przyjemny/-e/-a** [pschijemni, pschijemne, pschijemna] *angenehm* und **zabawa** [sabawa] *Spaß* - beides im Genitiv. In der ersten Lektion haben Sie bereits gelernt, dass man sich mit **dziękuję** [DSCHjenkuje] bedankt. Um einen Wunsch zu erwidern, sagt man **nawzajem** [nawsajem] *gleichfalls*.

Jetzt sind Sie dran.

Hier sehen Sie wieder alle Wörter, die Sie in dieser Lektion gelernt haben. Das sind schon ganz schön viele. Wiederholen Sie die Wörter, indem Sie die deutsche Seite abdecken und sich die polnischen Wörter anhören. Überlegen Sie, ob Ihnen die deutsche Bedeutung einfällt und decken Sie dann erst die deutsche Seite auf. Sobald Sie die meisten Wörter gut kennen, machen Sie es anders herum.

TR. 8

na uroczystości rodzinnej [na urotschistoschj-tschji roDSCHjinnej]	*auf einer Familienfeier*
przepraszam [pscheprascham]	*Entschuldigung*
nazywać się [nasiwatsch schje]	*heißen*
Jak się Pan(i) nazywa? [jak schje pan nasiwa?]	*Wie heißen Sie?*
Jak się nazywasz? [jak schje nasiwasch?]	*Wie heißt du?*
być [bitschj]	*sein*
Jestem... [jeßstem]	*Ich bin ...*
A Pan(i)? [a pani?]	*Und Sie?*
A ty? [a ti?]	*Und du?*

TR. 9

miło mi [miuwo mi]	*angenehm*
mnie również [mnje ruwnjesch]	*mir auch*

TR. 10

Anglia [anglja]	*England*
Czechy [tschehi]	*Tschechien*
Estonia [eßtonja]	*Estland*
Francja [frantsja]	*Frankreich*
Hiszpania [hischpanja]	*Spanien*
Niemcy [njemtsi]	*Deutschland*
Polska [polßka]	*Polen*
Rosja [roßja]	*Russland*
Szwecja [schfetsja]	*Schweden*
Turcja [turtsja]	*die Türkei*
Ukraina [ukraina]	*die Ukraine*
Węgry [wengri]	*Ungarn*
Włochy [wuwohi]	*Italien*

TR. 11

To jest... [to jeßt]	*Das ist ...*
po polsku [po polßku]	*auf Polnisch*
po niemiecku [po njemjetsku]	*auf Deutsch*
po angielsku [po angjelßku]	*auf Englisch*
Jak się to mówi po polsku? [jak schje to muwi po polßku]	*Wie sagt man das auf Polnisch?*
Berlin [berlin]	*Berlin*
Kolonia [kolonja]	*Köln*
Monachium [monahjum]	*München*

TR. 12

Skąd Pan(i) jest? [ßkont pan(i) jeßt?]	*Woher kommen Sie?*
Skąd jesteś? [ßkont jeßteschj?]	*Woher bist du?*
Jestem z Niemiec, z Berlina. [jeßtem snjemjets, sberlina]	*Ich bin aus Deutschland, aus Berlin.*
Jestem z Polski, z Gdańska. [jeßtem ßpolßki, sgdanjßka]	*Ich bin aus Polen, aus Danzig.*

TR. 13

nawzajem [nawsajem] *gleichfalls*

Przyjemnej zabawy! [pschijemnej sabawi!] *Viel Vergnügen!*

Sie haben die wichtigsten Wendungen gelernt, um ins Gespräch zu kommen. Hören Sie sich nun den ganzen Dialog an.

TR. 14

- Przepraszam, jak się Pani nazywa?
- Nazywam się Simone Meier. A Pan?
- Jestem Jarek. Miło mi.
- Mnie również.
- Skąd Pani jest?
- Jestem z Niemiec, z Köln.
- Köln? Ach, to jest po polsku Kolonia. Ja jestem Polski, z Gdańska.
- Przyjemnej zabawy!
- Dziękuję, nawzajem!

Und hier noch die wichtigsten Satzbausteine dieser Lektion:

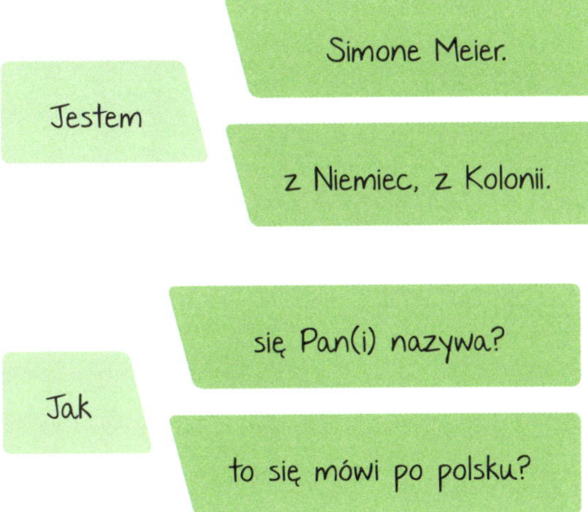

3 W SKLEPIE SPOŻYWCZYM

IM LEBENSMITTELGESCHÄFT

Wer in Polen das Nötigste einkaufen möchte, der kann das in einem der zahlreichen Mini-Märkte tun, die sich oft in Wohnsiedlungen und an Bahnhöfen befinden. Sicherlich kennen Sie schon einige dieser Lebensmittel auf Polnisch. Welche Wörter sind Ihnen bekannt?

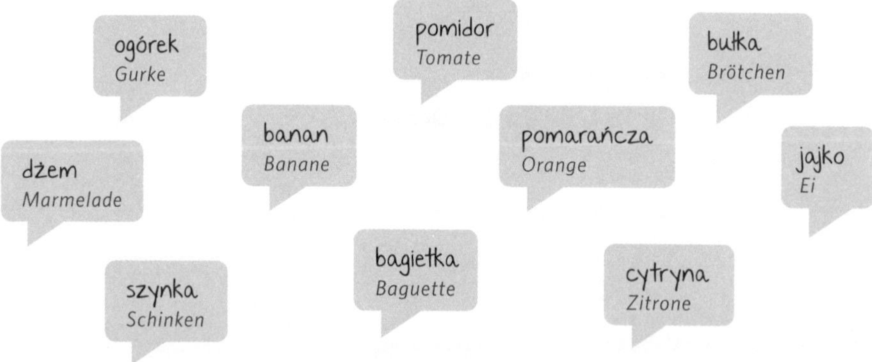

Stellen Sie sich vor, Sie besuchen ein Lebensmittelgeschäft in der Nähe Ihrer polnischen Ferienwohnung, um fürs Frühstück einzukaufen. Es duftet nach frischem Brot und warmen Brötchen ... Lesen Sie die folgenden Beispiele, und Sie werden problemlos Ihre Einkäufe erledigen.

[DSCHjenj dobri! tschi son buwki?]
Guten Tag! Gibt es Brötchen?

Sie haben bereits in Lektion 1 gelernt, wie man sich begrüßt, wenn man ein Lokal oder ein Geschäft betritt. Ebenfalls in der ersten Lektion haben Sie die Entscheidungsfrage kennengelernt, die in der Regel mit dem Fragewort **czy?** *ob?* eingeleitet wird. Wenn Sie nach einer Verkaufsware fragen, verwenden Sie z.B. die Frage **Czy są...?** *Gibt es ...?* für Waren im Plural und **Czy jest...?** *Gibt es ...?* für Waren im Singular. Die Frage setzt sich aus drei Teilen zusammen: Aus dem Fragewort **czy?** *ob?*, aus der Verbform **jest** *ist* oder **są** *sind* vom Verb **być** *sein*, das Sie in der zweiten Lektion gelernt haben, und aus der Bezeichnung der Ware im Singular oder Plural. Wortwörtlich übersetzt heißt die Frage auf Deutsch: *Ob sind Brötchen?*

Und nun lernen Sie noch weitere Backwaren auf Polnisch:

bagietka [bagjetka] *Baguette*
bułka [buwka] *Brötchen*
chleb [hlep] *Brot*
pieczywo [pjetschiwo] *Backwaren*
rogal [rogal] *Hörnchen*
tost [toßt] *Toastbrot*

Im Polnischen haben die Substantive vier Geschlechter: **maskulin belebt**, z.B. **pan** [pan] *Herr*, **maskulin unbelebt**, z.B. **chleb** [hlep] *Brot*, **neutral**, z.B. **pieczywo** [pjetschiwo] *Backwaren* und **feminin**, z.B. **bułka** [buwka] *Brötchen*. Das Geschlecht der Substantive kann man am letzten Buchstaben eines Substantivs erkennen: Endet es mit einem Konsonanten, ist das Substantiv meist maskulin, z.B.: **chleb** *Brot*, **rogal** *Hörnchen* und **tost** *Toastbrot*. Endet es mit **-o**, **-e**, **-ę** oder **-um** (selten), ist das Substantiv neutral, wie z.B. bei **pieczywo** *Backwaren*. Endet es mit **-a**, ist das Substantiv feminin, wie z.B. bei **bagietka** *Baguette* und **bułka** *Brötchen*.

Im Plural bekommen alle neutralen Substantive die Endung **-a** (Gruppe 1). Für die Bildung der maskulinen und weiblichen Pluralformen (mit Ausnahme von männlichen Personen) sind die Konsonanten im Wortstamm entscheidend. Ein Beispiel: Im Wort **bułk-a** *Brötchen* lautet der Wortstamm **bułk-** und die Singularendung **-a**. Die Singularendung wird im Plural durch eine Pluralendung ersetzt, aus **bułk-a** werden **bułk-i**. An diesem Beispiel sehen Sie gleich, dass nach den Wortstamm-Konsonanten **-g** und **-k** immer die Pluralendung **-i** hinzugefügt wird (Gruppe 2). Nach den Wortstamm-Konsonanten **b**, **d**, **f**, **h/ch**, **ł**, **m**, **n**, **p**, **r**, **s**, **t**, **w** und **z** wird hingegen die Endung **-y** angehängt (Gruppe 3). Nach allen anderen Wortstamm-Konsonanten wird die Endung **-e** hinzugefügt (Gruppe 4).

Und jetzt sind Sie dran.

Bilden Sie Pluralformen von den nachfolgenden Produkten und fragen Sie nach, ob es die Produkte im Lebensmittelgeschäft gibt.

1. bagietka

2. bułka

3. rogal

4. tost

Lösung
1. Czy są bagietki? (Gruppe 2)
2. Czy są bułki? (Gruppe 2)
3. Czy są rogale? (Gruppe 4)
4. Czy sa tosty? (Gruppe 3)

Das klingt jetzt kompliziert, ist aber eigentlich halb so wild. Je mehr Polnisch Sie hören, desto natürlicher wird es. Zu Ihrer Hilfe geben wir ab hier bei allen Substantiven die Pluralform an. Lernen Sie sie am besten immer gleich mit.

Der Verkäufer beantwortet nun Ihre Frage:

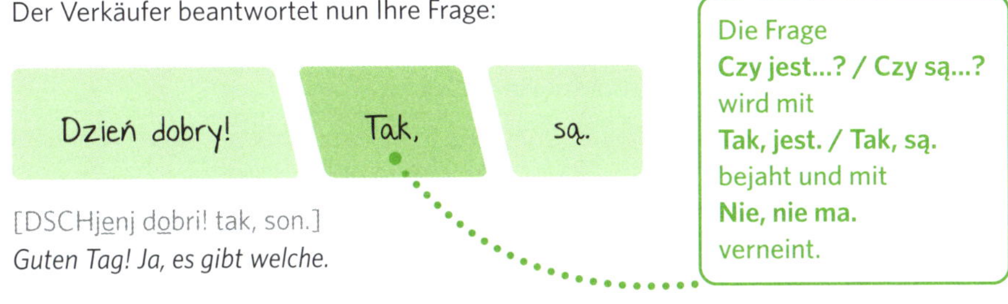

[DSCHjenj dobri! tak, son.]
Guten Tag! Ja, es gibt welche.

Die Frage
Czy jest...? / Czy są...?
wird mit
Tak, jest. / Tak, są.
bejaht und mit
Nie, nie ma.
verneint.

Sie möchten gerne wissen, welche Brötchen zum Sortiment gehören und fragen nach:

Die Fragepronomen
Jaki/Jakie/Jaka...? *was für ...?*
richten sich nach dem Substantiv, vor dem sie stehen:
Jaki to jest chleb? (maskulin Sg.)
Jakie to jest pieczywo? (neutral Sg.)
Jaka to jest bułka? (feminin Sg.)
Jakie to są bułki? (Plural)

[a jakje? - mami buwki pschenne, wjeloSCHJarnißte i maschjlane]
Und was für welche (Brötchensorten haben Sie)? - Wir haben Weizen-, Mehrkorn- und Milchbrötchen.

In der Antwort des Verkäufers tauchen Pluralformen von Adjektiven **pszenne** [pschenne], **wieloziarniste** [wjeloSCHJarnißte] und **maślane** [maschjlane] auf. Alle Adjektive im Plural (mit Ausnahme von denen, die sich auf männliche Personen beziehen) enden auf **-e**. Im Singular gibt es vier Adjektivendungen: **-y** und **-i** bei Adjektiven, die vor maskulinen Substantiven stehen, **-e** bei Adjektiven, die vor neutralen Substantiven stehen und **-a** bei Adjektiven, die vor femininen Substantiven stehen.

Und jetzt sind Sie dran.

Ordnen Sie den Fragen die richtige Antwort zu.

1. Jaki to jest chleb?
- ☐ A Pszenny.
- ☐ B Pszenne.
- ☐ C Pszenna.

2. Jakie to są bułki?
- ☐ A Wieloziarnisty.
- ☐ B Wieloziarniste.
- ☐ C Wieloziarnista.

3. Jaka to jest bagietka?
- ☐ A Francuski.
- ☐ B Francuskie.
- ☐ C Francuska.

4. Jaki to jest rogal?
- ☐ A Maślany.
- ☐ B Maślane.
- ☐ C Maślana.

Lösung
1. A (*chleb* ist maskulin Singular)
2. B (*bułki* ist eine Pluralform)
3. C (*bagietka* ist feminin Singular)
4. A (*rogal* ist maskulin Singular).

So könnten Sie Ihren Brötchenwunsch formulieren:

[to poprosche dwje pschenne i tschi wjeloSCHJarnißte.]
Dann hätte ich gerne zwei Weizen- und drei Mehrkornbrötchen.

Die Grundzahl **dwa** *zwei* haben Sie bereits in der ersten Lektion gelernt und fragen sich bestimmt, warum in dem Satz oben die Zahl **dwie** *zwei* und nicht **dwa** *zwei* verwendet wird. Die Grundzahlen eins und zwei richten sich nach dem Geschlecht und der Zahl des Substantivs, vor dem sie stehen, also: **jeden chleb** [jeden hlep] *ein Brot*, **jedno jajko** [jedno jajko] *ein Ei*, **jedna bułka** [jedna buwka] *ein Brötchen* und **dwa chleby** [dwa hlebi] *zwei Brote*, **dwa jajka** [dwa jajka] *zwei Eier* und **dwie bułki** [dwje buwki] *zwei Brötchen*.

Und jetzt sind Sie dran.

Dwa oder **dwie**? Welche Form ist richtig? Ergänzen Sie die Lücken und übersetzen Sie ins Deutsche.

1. Poproszę ______ bułki wieloziarniste.

2. Poproszę ______ rogaliki maślane.

3. Poproszę ______ bagietki francuskie.

4. Poproszę ______ chleby pszenne.

Lösung
1. Poproszę dwie bułki wieloziarniste. *Ich hätte gern zwei Mehrkornbrötchen.*
2. Poproszę dwa rogaliki maślane. *Ich hätte gern zwei Milchhörnchen.*
3. Poproszę dwie bagietki francuskie. *Ich hätte gern zwei französische Baguettes.*
4. Poproszę dwa chleby pszenne. *Ich hätte gern zwei Weizenbrote.*

Sie möchten noch weiter einkaufen.

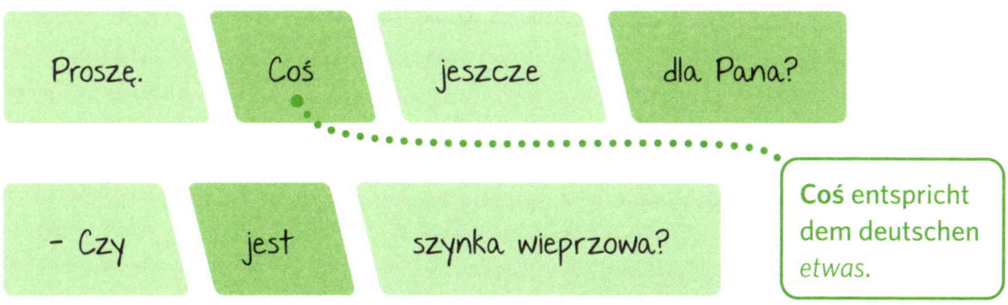

[prosche. tsoschj jeschtsche dla pana? - tschi jeßt schinka wjepschowa?]
Bittesehr. Noch etwas für Sie? – Haben Sie Schweineschinken?

Und nun lernen Sie einige Produkte kennen, mit denen Sie Ihre Brötchen belegen oder bestreichen können.

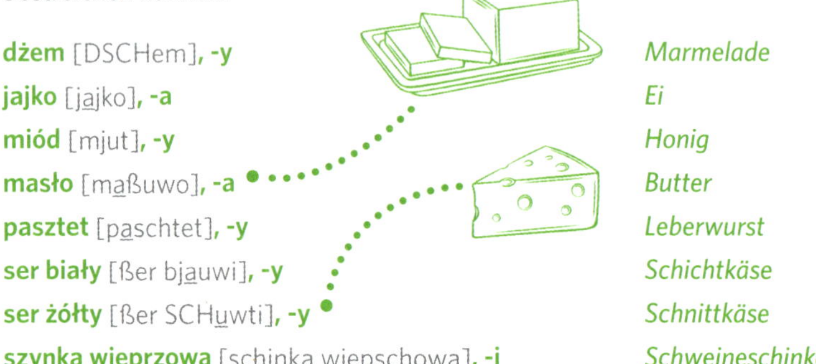

dżem [DSCHem], **-y**	*Marmelade*
jajko [jajko], **-a**	*Ei*
miód [mjut], **-y**	*Honig*
masło [maßuwo], **-a**	*Butter*
pasztet [paschtet], **-y**	*Leberwurst*
ser biały [ßer bjauwi], **-y**	*Schichtkäse*
ser żółty [ßer SCHuwti], **-y**	*Schnittkäse*
szynka wieprzowa [schinka wjepschowa], **-i**	*Schweineschinken*

Und jetzt sind Sie dran.

Wie kann man folgende Fragen auf Polnisch formulieren? Verbinden Sie den polnischen Satz mit seiner Übersetzung.

1. Was für ein Honig ist das?	___ **A** Jaki to jest ser?
2. Was für ein Käse ist das?	___ **B** Czy to jest szynka wieprzowa?
3. Ist das Schweineschinken?	___ **C** Czy są jajka?
4. Gibt es Eier?	___ **D** Jaki to jest miód?

Lösung
1. D, **2.** A, **3.** B, **4.** C

Sie setzen Ihren Einkauf fort, denn es gibt leider keinen Schinken.

[njeßteti, nje ma. – a ßom moSCHe pomaranjtsche?]
Nein, leider nicht. – Und gibt es vielleicht Orangen?

Und nun lernen Sie noch einige Obst- und Gemüsesorten auf Polnisch kennen.

banan [banan], **-y**	*Banane*
cytryna [tsitrina], **-y**	*Zitrone*
jabłko [jabuwko], **-a**	*Apfel*
ogórek [ogurek], **ogórki**	*Gurke*
pomarańcza [pomaranjtscha], **-e**	*Orange*
pomidor [pomidor], **-y**	*Tomate*
truskawka [trußkafka], **-i**	*Erdbeere*
ziemniak [SCHjemnjak], **-i**	*Kartoffel*

Und jetzt sind Sie dran.

Fragen Sie einen Verkäufer / eine Verkäuferin, ob es die Produkte im Mini-Markt gibt.

1. jajka (Pl.)

2. ser biały (Sg.)

3. pomidory (Pl.)

4. miód (Sg.)

Lösung
1. Czy są jajka?
2. Czy jest ser biały?
3. Czy są pomidory?
4. Czy jest miód?

Der Verkäufer nennt Ihnen den Preis für ein Kilogramm Orangen.

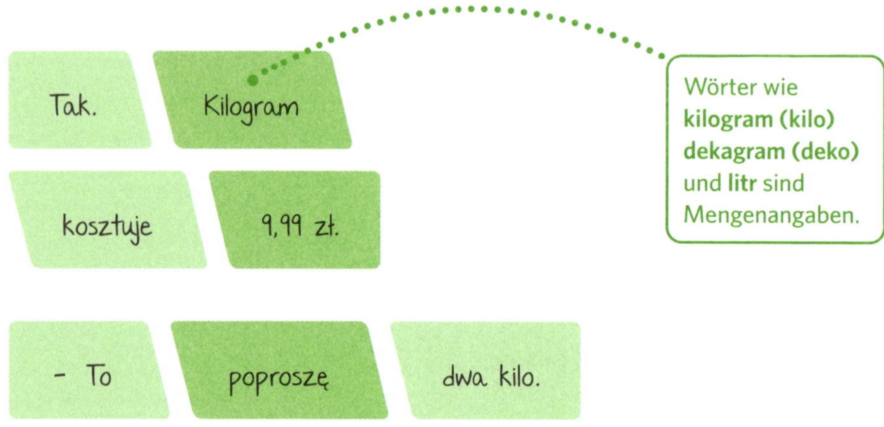

[tak, kilogram koschtuje DSCHjewjentschj i DSCHjewjenDSCHjeschjont DSCHjewjentschj suwotih.- to poprosche dwa kilo.]
Ja, ein Kilogramm kostet 9,99 Zloty. – Dann hätte ich gern zwei Kilo.

Im ersten Satz kommt ein sehr nützliches Verb vor. *Kosten* heißt auf Polnisch **kosztować** [koschtowatschj] und **kosztuje** [koschtuje] ist die konjugierte Form in der 3. Person Singular, die auch in der Frage **Ile kosztuje...?** [ile koschtuje?] *Wie viel kostet...?* verwendet wird. **Ile** [ile] heißt *wie viel(e)* und wird verwendet, um nach einer Anzahl oder einer Menge zu fragen.

Nach Mengenangaben stehen Substantive nicht im Nominativ, sondern im Genitiv, z.B.:
pomarańcze (Nom. Plural)
→ **kilo(gram) pomarańczy**

Und jetzt sind Sie dran.

Verbinden Sie die Frage auf Polnisch mit ihrer Übersetzung.

1. Ile kosztuje kilo pomarańczy? ___ **A** Wie viel kostet ein Liter Milch?
2. Ile kosztuje litr mleka? ___ **B** Wie viel kosten fünf Kilo Kartoffeln?
3. Ile kosztuje dziesięć deko sera? ___ **C** Wie viel kostet ein Kilo Orangen?
4. Ile kosztuje pięć kilo ziemniaków? ___ **D** Wie viel kosten 10 Dekagramm Käse?

Lösung
1. C, **2.** A, **3.** D, **4.** B

Der genannte Preis setzt sich aus Zloty- und Groschen-Beträge zusammen. Statt **dziewięć dziewięćdziesiąt dziewięć złotych** [DSCHjewjentschj DSCHjewjen DSCHjeschjont DSCHjewjentschj suwotih] könnte man auch sagen: **dziewięć złotych i dziewięćdziesiąt dziewięć groszy** [DSCHjewjentschj suwotih i DSCHjewjen DSCHjeschjont DSCHjewjentschj groschi]. Analog zu den Formen von **złoty**, die Sie schon in der Lektion 1 kennen gelernt haben, wird die Form **grosz** [grosch] nur nach der Zahl 1 verwendet. Nach den Zahlen 2, 3 und 4 sowie den Zahlen ab 20 mit 2, 3 und 4 am Ende verwendet man die Form **grosze** [grosche]. Nach allen anderen Zahlen kommt die Form **groszy** [groschi] zum Einsatz.

Erinnern Sie sich noch an die Zahlen 1 bis 20? Wenn nicht, nehmen Sie sich kurz Zeit, um die Zahlen zu wiederholen: **jeden**, **dwa**, **trzy**, **cztery**, **pięć**, **sześć**, **siedem**, **osiem**, **dziewięć**, **dziesięć**, **jedenaście**, **dwanaście**, **trzynaście**, **czternaście**, **piętnaście**, **szesnaście**, **siedemnaście**, **osiemnaście**, **dziewiętnaście** i **dwadzieścia**.

Jetzt sind Sie bereit, um die Zahlen von 20 bis 100 zu lernen.

20 **dwadzieścia** [dwaDSCHjeschjtschja]
21 **dwadzieścia jeden** [dwaDSCHjeschjtschja jeden]
22 **dwadzieścia dwa** [dwaDSCHjeschjtschja dwa]
23 **dwadzieścia trzy** [dwaDSCHjeschjtschja tschi]
24 **dwadzieścia cztery** [dwaDSCHjeschjtschja tschteri]
25 **dwadzieścia pięć** [dwaDSCHjeschjtschja pjenjtschj]
26 **dwadzieścia sześć** [dwaDSCHjeschjtschja scheschjtschj]
27 **dwadzieścia siedem** [dwaDSCHjeschjtschja schjedem]
28 **dwadzieścia osiem** [dwaDSCHjeschjtschja oschjem]
29 **dwadzieścia dziewięć** [dwaDSCHjeschjtschja DSCHjewjenjtschj]
30 **trzydzieści** [tschiDSCHjeschjtschi]
40 **czterdzieści** [tschterDSCHjeschjtschi]
50 **pięćdziesiąt** [pjenDSCHjeschjont]
60 **sześćdziesiąt** [scheschjDSCHjeschjont]
70 **siedemdziesiąt** [schjedemDSCHjeschjont]
80 **osiemdziesiąt** [oschjemDSCHjeschjont]
90 **dziewięćdziesiąt** [DSCHjewjentschjDSCHjeschjont]
100 **sto** [ßto]

Jetzt sind Sie dran.

1 grosz
2, 3, 4, 22... grosze
5-21, 25... groszy

Wandeln Sie folgende Beträge in Zahlworte um und geben Sie sie in **groszy** an.

1. 0,45 zł

2. 0,56 zł

3. 0,72 zł

4. 0,84 zł

5. 0,98 zł

Lösung
1. czterdzieści pięć groszy
2. pięćdziesiąt sześć groszy
3. siedemdziesiąt dwa grosze
4. osiemdziesiąt cztery grosze
5. dziewięćdziesiąt osiem groszy

Kommt Ihnen der letzte Teil des Einkaufsgesprächs bekannt vor? Super! Dann haben Sie bei der Lektion 1 richtig aufgepasst! Weiter so!

Coś jeszcze? – Nie, to wszystko. Dziękuję.

[tsoschj jeschtsche? – nje, to fschißtko. DSCHjenkuje.]
Noch etwas? – Nein, das ist alles. Danke.

Jetzt sind Sie dran.

Hier sehen Sie nun alle Wörter, die Sich in dieser Lektion gelernt haben. Beim Vokabellernen hilft es, die Wörter auch bildlich darzustellen. Schreiben Sie die Vokabeln ab und malen oder kleben Sie kleine Bilder dazu. Hier klappt es vor allem bei Backwaren, Obst und Gemüse gut. So lernen Sie die neuen Wörter schneller.
Vergessen Sie nicht, die Vokabeln aus den vorherigen Lektionen zu wiederholen.

TR. 15

bagietka [bagjetka]	*Baguette*
bułka [buwka]	*Brötchen*
bułka pszenna [buwka pschenna]	*Weizenbrötchen*
bułka wieloziarnista [buwka wjeloSCHjarnißta]	*Mehrkornbrötchen*
bułka maślana [buwka maschjlana]	*Milchbrötchen*
chleb [hlep]	*Brot*
Czy jest/są ...? [tschi jeßt/son]	*Gibt es ...?*
nie ma [nje ma]	*es gibt kein(e)*
pieczywo [pjetschiwo], **kein Plural**	*Backwaren*
rogal [rogal]	*Hörnchen*
sklep spożywczy [ßklep ßpoSCHiftschi]	*Lebensmittelgeschäft*
tost [toßt]	*Toastbrot*

TR. 16

dżem [DSCHem]	*Marmelade*
jajko [jajko]	*Ei*
miód [mjut]	*Honig*
masło [masuwo]	*Butter*
niestety [njeßteti]	*leider*
pasztet [paschtet]	*Leberwurst*
salami [ßalami]	*Salami*
ser biały [ßer bjauwi]	*Schichtkäse*
ser żółty [ßer SCHuwti]	*Schnittkäse*
szynka wieprzowa [schinka wjepschowa]	*Schweineschinken*

TR. 17

dekagram [dekagram]	*Dekagramm*
kilogram [kilogram]	*Kilogramm*
litr [litr]	*Liter*

TR. 18

banan [banan]	*Banane*
cytryna [tsitrina]	*Zitrone*
jabłko [jabuwko]	*Apfel*

może [moSCHe]	*vielleicht*
ogórek [ogurek], **ogórki**	*Gurke*
pomarańcza [pomaranjtscha]	*Orange*
pomidor [pomidor]	*Tomate*
truskawka [trußkafka]	*Erdbeere*
ziemniak [SCHjemnjak]	*Kartoffel*

TR. 19

ile [ile]	*wie viel*
kosztować [koschtowatschj]	*kosten*
dwadzieścia [dwaDSCHjeschjtschja]	*zwanzig*
trzydzieści [tschiDSCHjeschjtschi]	*dreißig*
czterdzieści [tschterDSCHjeschjtschi]	*vierzig*
pięćdziesiąt [pjenDSCHjeschjont]	*fünfzig*
sześćdziesiąt [scheschjDSCHjeschjont]	*sechzig*
siedemdziesiąt [schjedemDSCHjeschjont]	*siebzig*
osiemdziesiąt [oschjemDSCHjeschjont]	*achtzig*
dziewięćdziesiąt [DSCHjewjentschjDSCHjeschjont]	*neunzig*
sto [ßto]	*hundert*

TR. 20

coś [tsoschj]	*etwas*
to (poproszę) [to poprosche]	*dann (hätte ich gern)*

Jetzt können Sie Ihren ersten Einkauf in einem Lebensmittelgeschäft machen. Hören Sie sich den ganzen Dialog mit dem Verkäufer an.

TR. 21

- Dzień dobry. Czy są bułki?
- Dzień dobry. Tak, są.
- A jakie?
- Mamy bułki pszenne, wieloziarniste i maślane.
- To poproszę dwie pszenne i trzy wieloziarniste.
- Proszę. Coś jeszcze dla Pana?
- Czy jest szynka wieprzowa?
- Niestety nie ma.
- A są może pomarańcze?
- Tak. Kilogram kosztuje 9,99 zł.
- To poproszę dwa kilo.
- Coś jeszcze?
- Nie, to wszystko. Dziękuję.

Hier sehen Sie abschließend Satzbausteine, die Sie kombinieren können, um verschiedene Sätze für den Einkauf in einem Markt zu bilden.

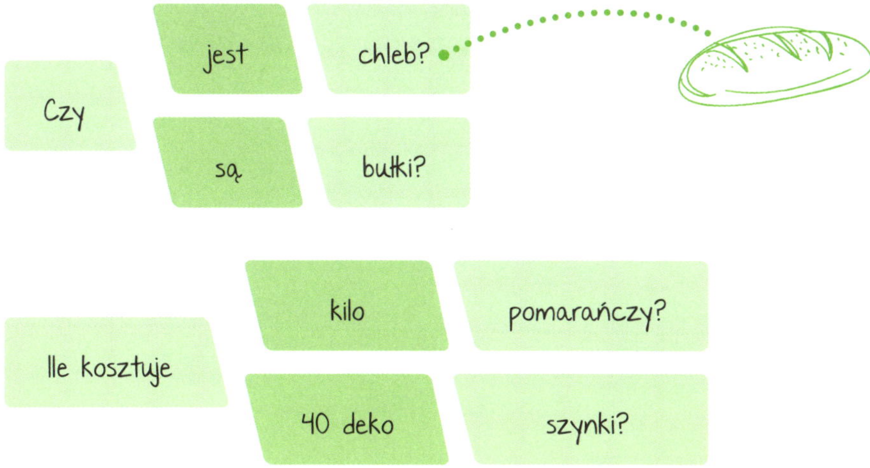

4 NA RECEPCJI
AN DER REZEPTION

Stellen Sie sich vor, Sie haben ein Hotelzimmer online gebucht und stehen nun an der Hotelrezeption. Sie lernen in dieser Lektion, wie Sie sich genau in dieser Situation zurechtfinden können. Dabei helfen Ihnen folgende Wörter, die Sie vielleicht bereits kennen. Schauen Sie einmal:

Sie sind in Ihrem gebuchten Hotel angekommen und werden nun an der Rezeption begrüßt.

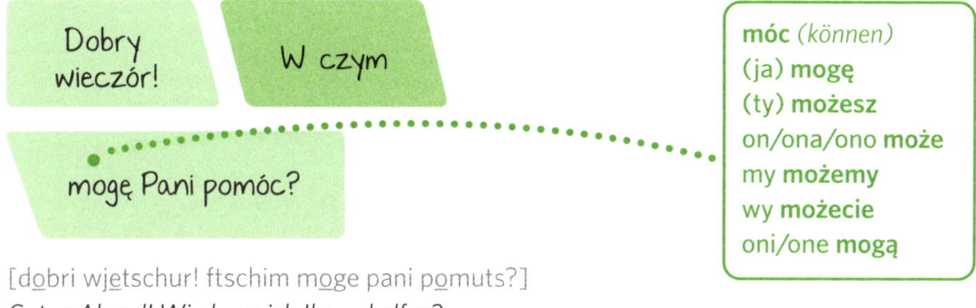

[dobri wjetschur! ftschim moge pani pomuts?]
Guten Abend! Wie kann ich Ihnen helfen?

Ab dem späten Nachmittag begrüßt man sich in Polen mit **dobry wieczór** *guten Abend*. Die Hotelmitarbeiterin an der Rezeption fragt Sie als erstes, wie sie Ihnen helfen kann. Dazu verwendet sie das Fragewort **w czym** *wobei* und das unregelmäßige Verb **móc** [muts] *können*. Nach der Form von **móc** folgt ein Verb im Infinitiv (Grundform). In diesem Fall der Infinitiv des Verbs **pomóc** [pomuts] *helfen*: **(ja) mogę pomóc** [(ja) moge pomuts] *ich kann helfen*. Das Wort **pani** kennen Sie bereits. In der Frage oben wird die Dativform von **pani** verwendet und diese lautet genauso wie im Nominativ.

Sie begrüßen die Empfangsdame und sagen, auf welchen Namen Sie reserviert haben, damit sie Ihre Reservierung suchen kann:

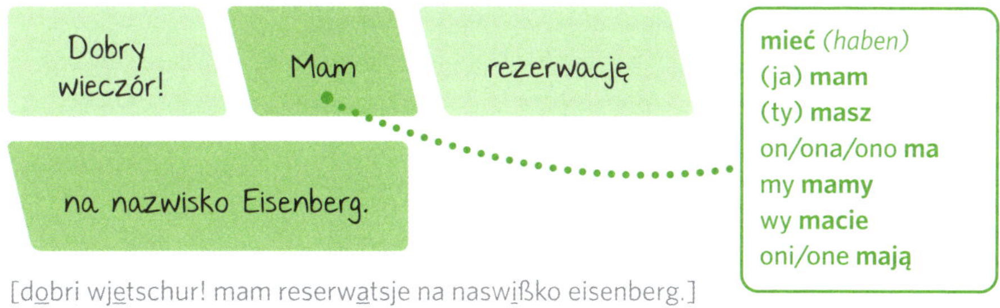

[dobri wjetschur! mam reserwatsje na naswißko eisenberg.]
Guten Abend! Ich habe auf den Namen Eisenberg reserviert.

Die Verbform **mam** [mam] *ich habe* stammt von dem Verb **mieć** [mjetschj] *haben*, das zusammen mit **być** [bitschj] *sein* zu den wichtigsten polnischen Verben gehört. Nach dem Verb **mieć** stehen die Substantive im Akkusativ. **Rezerwację** [reserwatsje] ist also die Akkusativform von **rezerwacja** *Reservierung* und dieses Wort können Sie sich durch die Ähnlichkeit mit dem Deutschen leicht merken. Nach dem Wort **rezerwację** kommt noch die Präposition **na** *auf* vor, gefolgt von **nazwisko** [naswißko] *Name*. Wortwörtlich heißt der Satz also: *Habe Reservierung auf Namen Eisenberg*.

Die Rezeptionistin bittet Sie nun um Ihren Ausweis oder Pass:

[moge proschitschj o dowut osobißti albo paschport?]
Kann ich bitte Ihren Personalausweis oder Reisepass haben?

Sie verwendet dabei das Verb **prosić o** *bitten um*. Da auch danach der Akkusativ verwendet wird, schauen wir uns jetzt die Akkusativendungen von Substantiven genauer an.

Belebte Substantive (u.a. männliche Personen) bekommen die Endung **-a**, z.B. **kelner** [kelner] *ein Kellner* → **kelnera** *einen Kellner*. Unbelebte maskuline Substantive (z. B. Ausweise) verändern ihre Form im Akkusativ nicht, z.B. **paszport** [paschport] *ein Reisepass* → **Mam paszport.** *Ich habe einen Reisepass.* oder **dowód osobisty** [dowut oßobisti] *Personalausweis* → **Mam dowód osobisty.** *Ich habe einen Personalausweis.* Neutrale Substantive bleiben ebenfalls unverändert, z.B. **auto** [auwto] *Auto* → **Mam auto.** *Ich habe ein Auto.* Feminine Substantive erhalten die Endung **-ę**, z.B. **rezerwacja** [reserwatsja] *Reservierung* → **Mam rezerwację.** *Ich habe eine Reservierung*. Akkusativformen im Plural (mit Ausnahme von männlichen Personen) sind den Nominativformen gleich, z.B. **paszporty** [paschporti] *Reisepässe* → **Mam dwa paszporty.** *Ich habe zwei Reisepässe.*

Bevor wir die Akkusativendungen üben, lernen Sie noch einige wichtige Wörter für einen Hotelaufenthalt kennen.

hasło Wi-Fi [haßuwo wifi]	*WLAN-Passwort*
łóżeczko dla dziecka [uwuSCHetschko dla DSCHjetska]	*Babybettchen*
mydło [miduwo]	*Seife*
papier toaletowy [papjer toaletowi]	*Toilettenpapier*

poduszka [poduschka] *Kopfkissen*
popielniczka [popjelnitschka] *Aschenbecher*
rachunek [rahunek] *Rechnung*
ręcznik [rentschnik] *Handtuch*
suszarka [ßuscharka] *Haartrockner*
szlafrok [schlafrok] *Bademantel*
wieszak [wjeschak] *Kleiderbügel*

Und jetzt sind Sie dran.

Versuchen Sie nach folgenden Dingen an der Rezeption zu fragen. Verwenden Sie immer dieselbe Frage (wie in der Beispielfrage) und bilden Sie von den angegebenen Substantiven die Akkusativformen.

1. rachunek (maskulin Singular, unbelebt)

Mogę prosić o rachunek?

2. papier toaletowy (maskulin Singular)

3. hasło Wi-Fi (neutrum Singular)

4. suszarka (feminin Singular)

5. ręcznik (maskulin Singular)

6. wieszak (maskulin Singular)

Hier alle **Akkusativformen** der Substantive in der Übersicht:

	Nom.	Akk.
m. belebt	**kelner**	**-a**
m. unbelebt	**paszport**	-
n.	**auto**	-
f.	**rezerwacja**	**-ę**
Pl. (ohne männliche Personen)	**paszporty**	-

Lösung
1. Mogę prosić o rachunek?
2. Mogę prosić o papier toaletowy?
3. Mogę prosić o hasło Wi-Fi?
4. Mogę prosić o suszarkę?
5. Mogę prosić o ręcznik?
6. Mogę prosić o wieszak?

Sie geben der Empfangsdame Ihren Ausweis und sie schaut nach der Reservierung:

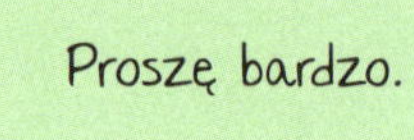

[prosche bardso. – mam tutaj reserwatsje na pokuj dwuoßobowi na jednom nots]
Bitte sehr. – Danke. Ich habe hier eine Reservierung für ein Doppelzimmer für eine Nacht.

Auch die Zahlen werden im Polnischen dekliniert, z.B. die Grundzahl 1:
jeden pokój (mask. Nom.)
→ Mam **jeden** pokój. (Akk.)
jedno dziecko (neutr. Nom.)
→ Mam **jedno** dziecko. (Akk.)
Jedna noc (fem. Nom.)
→ Mam rezerwację na **jedną** noc. (Akk.)

Die Rezeptionistin findet eine Reservierung für **pokój dwuosobowy** [pokuj dwuoßobowi] *ein Doppelzimmer* und **na jedną noc** [na jednom nots] *für eine Nacht.*

apartament typu Suite [apartament tipu suwit] *Suite*
pokój dwuosobowy [pokuj dwuoßobowi] *Doppelzimmer*
pokój jednoosobowy [pokuj jednooßobowi] *Einzelzimmer*
pokój z balkonem [pokuj s balkonem] *Zimmer mit Balkon*
pokój z widokiem na morze [pokuj swidokjem na moSCHe] *Zimmer mit Meerblick*
pokój ze śniadaniem [pokuj se schjnjadanjem] *Zimmer mit Frühstück*
noc [nots] *Nacht*
- **na jedną noc** [na jednom nots] *für eine Nacht*
- **na dwie noce** [na dwje notse] *für zwei Nächte*
- **na trzy/cztery noce** [na tschi/tschteri notse] *für drei/vier Nächte*
- **na pięć nocy** [na pjentschj notsi] *für fünf Nächte*

tydzień [tidschjenj] *Woche*

na tydzień [na tidschjenj] *für eine Woche*

na dwa tygodnie [na dwa tigodnje] *für zwei Wochen*

Und jetzt sind Sie dran.

Sie schreiben ein Hotel in Polen per E-Mail an und haben folgende Wünsche.

1. Sie hätten gern ein Einzelzimmer für zwei Nächte.

Poproszę...

2. Sie hätten gern ein Doppelzimmer für eine Woche.

3. Sie hätten gern ein Doppelzimmer mit Meerblick.

4. Sie hätten gern ein Zimmer mit Frühstück für vier Nächte.

5. Sie hätten gern ein Einzelzimmer für zwei Wochen.

6. Sie hätten gern ein Doppelzimmer für eine Nacht.

Lösung

1. Poproszę pokój jednoosobowy na dwie noce.
2. Poproszę pokój dwuosobowy na tydzień.
3. Poproszę pokój dwuosobowy z widokiem na morze.
4. Poproszę pokój ze śniadaniem na cztery noce.
5. Poproszę pokój jednoosobowy na dwa tygodnie.
6. Poproszę pokój dwuosobowy na jedną noc.

Sie stellen fest, dass die Reservierung nicht ganz richtig gebucht wurde und korrigieren sie entsprechend:

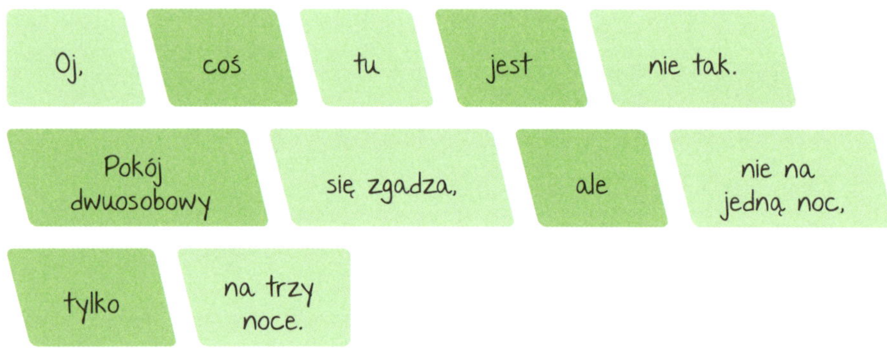

[oi, tsoschj tu jeßt nje tak. pokuj dwuoßobowi schje sgadsa, ale nje na jednom nots, tylko na tschi notse.]
Oh, irgendetwas stimmt hier nicht. Ein Doppelzimmer ist richtig, aber nicht für eine, sondern für drei Nächte.

Um der Rezeptionistin mitzuteilen, dass etwas nicht stimmt, verwenden Sie den Ausdruck **Coś tu jest nie tak.** [tsoschj tu jeßt nje tak] *Hier stimmt etwas nicht.* oder **Coś się tu nie zgadza.** [tsoschj schje tu nje sgadsa]. Wenn alles richtig ist, sagen Sie **Wszystko się zgadza.** [fschißtko schje sgadsa].

Die Rezeptionistin schaut nach und berichtigt ihre Aussage.

[moment. faktitschnje, to reserwatsja na tschi notse.]
Moment. Stimmt, das ist eine Reservierung für drei Nächte.

In unserem Beispiel stimmt die Zimmerart – **Pokój dwuosobowy się zgadza.** [pokuj dwuoßobowi schje sgadsa] – aber nicht die Übernachtungsdauer. Sie sagen an der Rezeption, was konkret nicht stimmt und verwenden dabei die Konjunktion **ale nie... tylko** [ale nje... tilko] *aber nicht ..., sondern* → **ale nie na jedną, tylko na trzy noce.** [ale nje na jednom nots, tylko na tschi notse] *aber nicht für eine Nacht, sondern für drei Nächte.*

Und jetzt sind Sie dran.

Verbinden Sie die Frage auf Polnisch mit ihrer Übersetzung.

1. Pokój jednoosobowy się zgadza, ale nie na tydzień, tylko na dwa tygodnie.

2. Rezerwacja się zgadza, ale nie na nazwisko Meier, tylko Breier.

3. Pokój dwuosobowy się zgadza, ale nie z balkonem, tylko z widokiem na morze,

4. Pokój dwuosobowy się zgadza, ale nie na dwie, tylko na cztery noce.

___ **A** Ein Doppelzimmer stimmt, aber nicht mit Balkon, sondern mit Meerblick.

___ **B** Ein Doppelzimmer stimmt, aber nicht für zwei, sondern für vier Nächte.

___ **C** Ein Einzelzimmer stimmt, aber nicht für eine, sondern für zwei Wochen.

___ **D** Die Reservierung stimmt, aber nicht auf den Namen Meier, sondern Breier.

Lösung
1. C, **2.** D, **3.** A, **4.** B

Die Empfangsdame entschuldigt sich für den Fehler:

Przepraszam za pomyłkę. – Nic nie szkodzi.

[pscheprascham sa pomiuwke - nits nje schkoDSCHji]
Entschuldigen Sie den Fehler. – Das macht nichts.

przepraszać za + Akk.
sich entschuldigen für
z.B.
przepraszam za pomyłkę

Oto karta meldunkowa. Proszę uzupełnić i podpisać.

[- oto karta meldunkowa. prosche usupeuwnitschj i potpißatschj]
Hier Ihr Gäste-Anmeldeformular. Ergänzen und unterschreiben Sie bitte.

Die Konstruktion
proszę + Infinitiv, z.B.
proszę podpisać
proszę uzupełnić
ist eine höfliche Aufforderung.

Nun lernen Sie einige Wörter kennen, die Sie auf dem Gäste-Anmeldeformular sehen werden und nach denen Sie gefragt werden.

adres [adreß]	*Adresse*
data urodzenia [data urodsenja]	*Geburtsdatum*
imię [imje]	*Vorname*
kraj [kraj]	*Land*
nazwisko [naswißko]	*Nachname*
podpis [potpiß]	*Unterschrift*

Jetzt Sind Sie dran.

Was kann man zu den einzelnen Formularpunkten richtig ergänzen? Kreuzen Sie an.

1. imię
- ☐ **A** Meier
- ☐ **B** Kowalski
- ☐ **C** Ulrike

2. nazwisko
- ☐ **A** Monika
- ☐ **B** Meier
- ☐ **C** Ulrike

3. kraj
- ☐ **A** Warszawa
- ☐ **B** Niemcy
- ☐ **C** Sopot

4. adres
- ☐ **A** Berliner Platz 50, 45127 Essen
- ☐ **B** 10.10.1998
- ☐ **C** 28.10.-03.11.2021

Lösung
1. C, **2.** B, **3.** B, **4.** A

Nun wünscht Ihnen die Rezeptionistin einen schönen Aufenthalt im Hotel.

Proszę bardzo.

– Dziękuję.

Życzę miłego pobytu!

[prosche bardso. – dschjenkuje. SCHitsche miuwego pobitu!]
Bitte sehr. – Danke. Ich wünsche Ihnen einen schönen Aufenthalt!

Jetzt sind Sie dran.

Hier finden Sie eine Übersicht der Wörter, denen Sie in dieser Lektion begegnet sind. Eine Möglichkeit zum Vokabellernen ist das Schreiben der Wörter auf Karteikarten: Das polnische Wort schreiben Sie am besten mit einem Beispielsatz auf die Vorderseite, das deutsche Wort auf die Rückseite. Wiederholen Sie dann die Vokabeln in regelmäßigen Abständen in einem Umfang von 10 bis 15 Karteikarten.

TR. 22

Dobry wieczór! [dobri wjetschur] *Guten Abend!*
dowód osobisty [dowut oßobisti] *Personalausweis*
jeden, jedno, jedna [jeden, jedno, jedna] *ein*
mieć [mjetschj] *haben*
móc [muts] *können*
paszport [paschport] *Reisepass*
pomóc [pomuts] *helfen*
rezerwacja (na) [reserwatsja (na)] *Reservierung (auf)*
tutaj [tutaj] *hier*
w czym [ftschim] *wobei*

TR. 23

hasło Wi-Fi [haßuwo wifi] *WLAN-Passwort*
łóżeczko dla dziecka [uwuSCHetschko dla dsjetska] *Babybettchen*
mydło [miduwo] *Seife*
papier toaletowy [papjer toaletowi] *Toilettenpapier*
poduszka [poduschka] *Kopfkissen*
popielniczka [popjelnitschka] *Aschenbecher*
rachunek [rahunek] *Rechnung*
ręcznik [rentschnik] *Handtuch*
suszarka [ßuscharka] *Haartrockner*
szlafrok [schlafrok] *Bademantel*
wieszak [wjeschak] *Kleiderbügel*

TR. 24

apartament typu Suite [apartament tipu suwit]	*Suite*
noc [nots]	*Nacht*
pokój dwuosobowy [pokuj dwuoßobowi]	*Doppelzimmer*
pokój jednoosobowy [pokuj jednooßobowi]	*Einzelzimmer*
pokój z balkonem [pokuj sbalkonem]	*Zimmer mit Balkon*
pokój z widokiem na morze [pokuj swidok-jem na moSCHe]	*Zimmer mit Meerblick*
pokój ze śniadaniem [pokuj se schjnjadan-jem]	*Zimmer mit Frühstück*
tydzień [tidschjenj]	*Woche*

TR. 25

ale nie..., tylko... [ale nje..., tilko...]	*aber nicht ..., sondern ...*
Coś tu jest nie tak. [tsoschj tu jeßt nje tak]	*Irgendetwas stimmt hier nicht.*
Coś się tu nie zgadza. [tsoschj schje tu nje sgadsa]	*Irgendetwas stimmt hier nicht.*
pomyłka [pomiuwka]	*Fehler*
przepraszać za [pschepraschatschj sa]	*sich entschuldigen für*
Wszystko się zgadza. [fschißtko schje sgadsa].	*Es stimmt alles.*
zgadzać się [sgadsatschj schje]	*stimmen*

TR. 26

adres [adreß]	*Adresse*
data urodzenia [data urodsenja]	*Geburtsdatum*
imię [imje]	*Vorname*
karta meldunkowa [karta meldunkowa]	*Gäste-Anmeldeformular*
kraj [kraj]	*Land*
nazwisko [naswißko]	*Nachname*
Nic nie szkodzi. [nits nje schkoDSCHji]	*Es macht nichts.*
podpisać [potpisatschj]	*unterschreiben*
uzupełnić [usupeuwnitschj]	*ergänzen*

Und nun sind Sie bereit, erfolgreich in Ihrem gebuchten Hotel einzuchecken. Hören Sie sich zum Schluss den kompletten Dialog an der Hotelrezeption an.

TR. 27

- Dobry wieczór. W czym mogę Pani pomóc?
- Dobry wieczór. Mam rezerwację na nazwisko Eisenberg.
- Mogę prosić o dowód osobisty albo paszport?
- Proszę bardzo.
- Dziękuję. Mam tutaj rezerwację na pokój dwuosobowy na jedną noc...
- Oj, coś jest nie tak. Pokój dwuosobowy się zgadza, ale nie na jedną, tylko na trzy noce.
- Moment... Faktycznie, to rezerwacja na trzy noce. Przepraszam za pomyłkę.
- Nic nie szkodzi.
- Oto karta meldunkowa. Proszę uzupełnić i podpisać.
- Proszę.
- Dziękuję bardzo. Życzę miłego pobytu!

Abschließend finden Sie einige Satzbausteine, die Sie miteinander verbinden können, um hilfreiche Sätze für die Situation an der Hotelrezeption zu bilden.

5 W HOTELU

IM HOTEL

Stellen Sie sich vor, Sie verbringen einige Tage in einem polnischen Hotel. Sie lernen in dieser Lektion, wie Sie sich in dieser Situation zurechtfinden können. Dabei helfen Ihnen folgende Wörter, die Sie vielleicht bereits kennen. Schauen Sie einmal:

Sie sind in Ihrem Zimmer angekommen und rufen die Rezeption an:

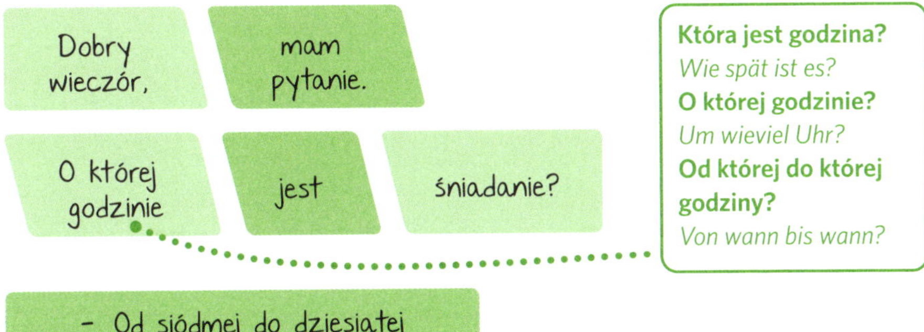

[dobri wjetschur. mam pitanje. o kturej goDSCHinje jeßt schjnjadanje? - ot schjudmej do dschjeschjontej, tutaj na parteSCHe.]
Guten Abend, ich habe eine Frage. Um wie viel Uhr ist das Frühstück? – Von sieben bis zehn Uhr dreißig, hier im Erdgeschoss.

Auf Ihre Frage wird Ihnen ein Zeitfenster genannt. Für die Stundenabgaben in der Uhrzeit werden im Polnischen die Ordnungszahlen verwendet, für die Minuten die Kardinalzahlen, z.B.: **dziesiąta trzydzieści** *zehn Uhr dreißig Minuten*. Stehen vor der genannten Uhrzeit Präpositionen wie z.B. **od... do...** *von ... bis ...*, bekommen die Ordnungszahlen Deklinationsendungen, z.B. **od siódmej do dziesiątej** *von sieben bis zehn*. Die Minutenangaben verändern ihre Form nicht. Hier die Ordnungszahlen bis 10:

1. **pierwszy, -e, -a** [pjerfschi, pjerfsche, pjerfscha] → **od/do pierwszej**
2. **drugi, -e, -a** [drugi, drugje, druga] → **od/do drugiej**
3. **trzeci, -e, -a** [tschetschji, tschetschje, tschetschja] → **od/do trzeciej**
4. **czwarty, -e, -a** [tschfarti, tschfarte, tschfarta] → **od/do czwartej**
5. **piąty, -e, -a** [pjonti, pjonte, pjonta] → **od/do piątej**
6. **szósty, -e, -a** [schußti, schußte, schußta] → **od/do szóstej**
7. **siódmy, -e, -a** [schjudmi, schjudme, schjudma] → **od/do siódmej**
8. **ósmy, -e, -a** [ußmi, ußme, ußma] → **od/do ósmej**
9. **dziewiąty, -e, -a** [dschjewjonti, dschjewjonte, dschjewjonta] → **od/do dziewiątej**
10. **dziesiąty, -e, -a** [dschjeschjonti, dschjeschjonte, dschjeschjonta] → **od/do dziesiątej**

Jetzt Sind Sie dran.

Verbinden Sie die ausgeschriebene Uhrzeit mit der Ziffernangabe.

1. ósma trzydzieści	___	**A** 6:45
2. dziesiąta piętnaście	___	**B** 10:15
3. szósta czterdzieści pięć	___	**C** 7:17
4. trzecia dwadzieścia	___	**D** 9:09
5. siódma siedemnaście	___	**E** 3:20
6. dziewiąta dziewięć	___	**F** 8:30

Lösung
1. F, **2.** B, **3.** A, **4.** E, **5.** C, **6.** D

Bei der Angabe der Uhrzeit verwendet die Rezeptionistin die standardsprachliche Variante: Die Stunden werden von 0 bis 24 gezählt und die Minuten mit der Grundzahl angegeben. In der Umgangssprache wird häufiger die 12-Stunden-Variante verwendet. Zum Ausdruck der Zeitangaben in Minuten werden Präpositionen **do** [do] *bis*, **po** [po] *nach* und **za** [sa] *vor* sowie die Ausdrücke **wpół** [fpuw] *halb* und **kwadrans** [kfadranß] *Viertel* gebraucht: statt **dziewiąta trzydzieści** [dschjewjonta tschidschjeschtschi] wird z.B. **wpół do dziesiątej** [fpuw do dschjeschjontej] *halb zehn* gesagt. Statt **dziewiąta piętnaście** [dschjewjonta pjentnaschjtschje] sagt man dann **piętnaście** [pjentnaschjtschje] oder **kwadrans po dziewiątej** [kfadranß po dschjewjontej] *Viertel nach neun*; statt **dziewiąta czterdzieści pięć** heißt es **za piętnaście/kwadrans dziesiąta** [sa kfadranß dschjesjonta] *Viertel vor zehn*.

	standardsprachlich	**umgangssprachlich**
09:15	dziewiąta piętnaście	piętnaście/kwadrans po dziewiątej
09:30	dziewiąta trzydzieści	wpół do dziesiątej
09:45	dziewiąta czterdzieści pięć	za piętnaście/kwadrans dziesiąta

Jetzt sind Sie dran.

Ordnen Sie den standardsprachlichen ihre umgangssprachlichen Varianten zu.

1. ósma trzydzieści
☐ **A** wpół do ósmej
☐ **B** wpół do dziewiątej

2. trzecia piętnaście
☐ **A** kwadrans po czwartej
☐ **B** kwadrans po trzeciej

3. druga czterdzieści pięć
☐ **A** za piętnaście dziesiąta
☐ **B** za piętnaście trzecia

4. dziewiąta trzydzieści pięć
☐ **A** pięć po wpół do dziesiątej
☐ **B** pięć po wpół do ósmej

Lösung
1. B, **2.** B, **3.** B, **4.** A

In unserem Beispiel wollen Sie erfahren, um wie viel Uhr es **śniadanie** [schjnjadanje] *Frühstück* gibt. Es könnte aber auch interessant sein, nach den anderen Mahlzeiten zu fragen: **obiad** [objat] *Mittagessen* und **kolacja** [kolatsja] *Abendessen*. Alternativ können Sie auch fragen: **Kiedy jest obiad?** [kjedi jeßt objat] *Wann ist das Mittagessen?* **Kiedy jest kolacja?** [kjedi jeßt kolatsja] *Wann ist das Abendessen?* Werden statt der standardsprachlichen nur die umgangssprachlichen Uhrzeitangaben verwendet, werden die Temporaladverbien **rano** [rano] *morgens*, **po południu** [po pouwudnju] *nachmittags* und **wieczorem** [wjetschorem] *abends* benutzt.

Jetzt sind Sie dran.

Die Sätze sind durcheinandergeraten. Bringen Sie sie wieder in die richtige Reihenfolge.

1. **jest** | **od siódmej** | **Śniadanie** | **do jedenastej rano** | **.**

2. **Obiad** | **od wpół do dwunastej** | **jest** | **do trzeciej po południu** | **.**

3. **do ósmej wieczorem** | **jest** | **Kolacja** | **od szóstej** | **.**

Lösung
1. Śniadanie jest od siódmej do jedenastej (7.00-11.00).
2. Obiad jest od pół do dwunastej do piętnastej (11.30-15.00).
3. Kolacja jest od osiemnastej do dwudziestej (18.00-20.00).

Sie haben noch eine Frage:

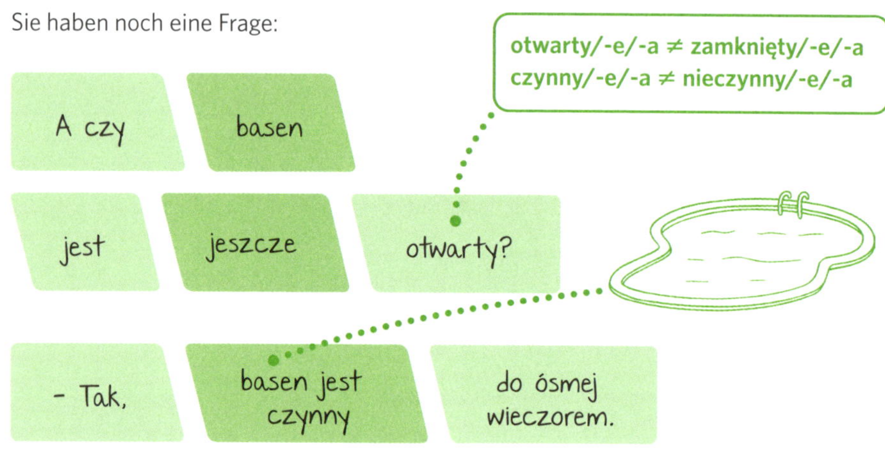

[a tschi baßen jeßt jeschtsche otwarti?
- tak, baßen jeßt tschinni do ußmej wjetschorem]
Und ist das Schwimmbad noch geöffnet?
- Ja, das Schwimmbad ist bis acht Uhr abends geöffnet.

In unserem Beispiel wurde nach **basen** [baßen] *Schwimmbad* gefragt. Hier lernen Sie noch einige weitere Wörter kennen, die Sie bei Ihrem Hotelaufenthalt gut gebrauchen können.

bar [bar] — *Bar*
centrum konferencyjne [tsentrum konferentsijne] — *Konferenzzentrum*
centrum SPA [tsentrum spa] — *Spa-Center*
parking [parkink] — *Parkplatz*
piętro [pjentro] — *Etage*
pokój [pokuj] — *Zimmer*
restauracja [reßtauratsja] — *Restaurant*
sala bilardowa [ßala bilardowa] — *Billardraum*
sala zabaw dla dzieci [ßala sabaf dla dschjetschji] — *Spielzimmer*
sauna [ßauna] — *Sauna*
siłownia [schjiuwownja] — *Fitnessstudio*
winda [winda] — *Aufzug*

Sie fragen als Nächstes, ob das Schwimmbad sich auch im Erdgeschoss befindet. Dafür können Sie im Polnischen entweder das Verb **być** [bitschj] *sein* oder **znajdować się** [snajdowatschj schje] *sich befinden* verwenden.

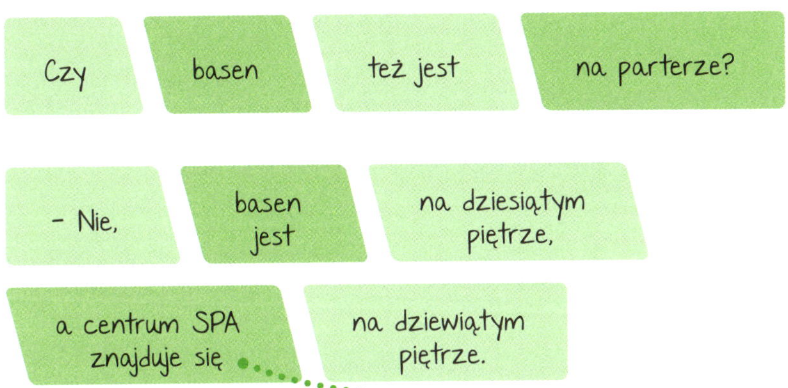

[tschi baßen jeßt na parteSCHe?
- nje, baßen jeßt na DSCHjeschjontim pjentsche,
a tsentrum ßpa snajduje schje na dschjewjontim pjentsche.]
Ist das Schwimmbad auch im Erdgeschoss? – Nein, das Schwimmbad ist im 10. und das Spa-Center befindet sich im 9. Stock.

znajdować się (*sich befinden*)
(ja) **znajduję się**
(ty) **znajdujesz się**
on/ona/ono **znajduje się**
my **znajdujemy się**
wy **znajdujecie się**
oni/one **znajdują się**

Nachfolgend sehen Sie die Ordnungszahlen 11 bis 20 und als konkretes Anwendungsbeispiel Stockwerksangaben:

11. **jedenasty,-e, -a** [jedenaßti, -e, -a] → **na jedenastym piętrze**
12. **dwunasty,-e, -a** [dwunaßti, -e, -a] → **na dwunastym...**
13. **trzynasty,-e, -a** [tschinaßti, -e, -a] → **na trzynastym...**
14. **czternasty,-e, -a** [tschternaßti, -e, -a] → **na czternastym...**
15. **piętnasty,-e, -a** [pjentnaßti, -e, -a] → **na piętnastym...**
16. **szesnasty,-e, -a** [scheßnaßti, -e, -a] → **na szesnastym...**
17. **siedemnasty,-e, -a** [schjedemnaßti, -e, -a] → **na siedemnastym...**
18. **osiemasty,-e, -a** [oschjemnaßti, -e, -a] → **na osiemnastym...**
19. **dziewiętnasty,-e, -a** [dschjewjentnaßti, -e, -a] → **na dziewiętnastym...**
20. **dwudziesty,-e, -a** [dwudschjeßti, -e, -a] → **na dwudziestym...**

Und jetzt Sind Sie dran.

Erkundigen Sie sich nach folgenden Räumlichkeiten im Hotel. Bilden Sie die Stockwerksangaben wie im Beispiel:

1. basen, pierwsze piętro →

Czy basen jest/znajduje się na pierwszym piętrze?

2. sala zabaw dla dzieci, trzynaste piętro

3. bar, dwudzieste piętro

4. siłownia, jedenaste piętro

Lösung
2. Czy sala zabaw dla dzieci jest/znajduje się na trzynastym piętrze?
3. Czy bar jest/znajduje się na dwudziestym piętrze?
4. Czy siłownia jest/znajduje się na jedenastym piętrze?

Abschließend fragen Sie noch, ob Sie das Abendessen aufs Zimmer bestellen können:

[tschi mo̲ge samu̲witschj kola̲tsje do poko̲ju?]
Kann ich das Abendessen aufs Zimmer bestellen?

- Tak, oczywiście. | Karta menu | jest w pokoju.

[- tak, otschiwischjtschje. karta meni jeßt fpokoju]
- Ja, selbstverständlich. Die Speisekarte ist im Zimmer.

Und jetzt sind Sie dran.

Ordnen Sie den polnischen Fragen ihre deutsche Übersetzung zu. Sie können hier einige Vokabeln aus der vierten Lektion wiederholen.

1. Czy mogę zamówić śniadanie do pokoju?
2. Czy w pokoju jest szlafrok?
3. Czy mogę zamówić obiad do pokoju?
4. Czy w pokoju jest karta menu?
5. Czy w pokoju jest suszarka?
6. Czy w pokoju jest łóżeczko dla dziecka?

___ **A** Kann ich das Mittagessen aufs Zimmer bestellen?
___ **B** Ist die Speisekarte im Zimmer?
___ **C** Ist ein Haartrockner im Zimmer?
___ **D** Ist ein Babybettchen im Zimmer?
___ **E** Kann ich das Frühstück aufs Zimmer bestellen?
___ **F** Ist ein Bademantel im Zimmer?

Lösung
1. E, 2. F, 3. A, 4. B, 5. C, 6. D

Sie finden es hervorragend, dass Sie das Abendessen aufs Zimmer bestellen können und bedanken sich bei der Rezeptionistin:

Świetnie, dziękuję!

[schjwjetnje, DSCHjenkuje!]
Hervorragend, danke!

Statt **świetnie** können Sie auch Folgendes sagen: **cudownie** [tsudownje] *wunderbar*, **doskonale** [doßkonale] *ausgezeichnet* und **fantastycznie** [fantaßtitschnje] *fantastisch*.

Jetzt Sind Sie dran.

Welche Reaktion passt? Ordnen Sie zu.

1. Centrum SPA jest czynne.
- ☐ **A** Cudownie!
- ☐ **B** Nie ma za co.
- ☐ **C** Proszę.

2. Przepraszam.
- ☐ **A** Nic nie szkodzi.
- ☐ **B** Doskonale.
- ☐ **C** Tak, oczywiście.

3. Dziękuję.
- ☐ **A** Proszę bardzo.
- ☐ **B** Coś tu jest nie tak.
- ☐ **C** Fantastycznie.

4. Sauna jest otwarta.
- ☐ **A** Nic nie szkodzi.
- ☐ **B** Doskonale!
- ☐ **C** Faktycznie.

Lösung
1. A, **2.** A, **3.** A, **4.** B

Jetzt Sind Sie dran.

Hier finden Sie eine Übersicht der Wörter, denen Sie in dieser Lektion begegnet sind. Eine weitere Möglichkeit zum Vokabellernen ist die Erstellung einer Mind-Map. Sie könnten in die Mitte eines DIN-A4-Blatts z.B. den Oberbegriff **hotel** schreiben und sich dazu zwei Unterbegriffe überlegen, z.B. **recepcja** und **restauracja**. Nun können Sie alle Begriffe und Redemittel sammeln und inhaltlich sortieren, die Ihnen zu den beiden Unterbegriffen einfallen.

TR. 28

kiedy [kjedi] — *wann*
kolacja [kolatsja] — *Abendessen*
Która jest godzina? [ktura jeßt goDSCHina] — *Wie spät ist es?*
kwadrans [kfadranß] — *Viertel*
na [na] — *auf*
O której godzinie? [o kturej goDSCHinje] — *Um wie viel Uhr?*
obiad [objat] — *Mittagessen*
Od której do której godziny? [od kturej do kturej goDSCHini] — *Von wann bis wann?*

parter [parter]	*Erdgeschoss*
pytanie [pitanje]	*Frage*
śniadanie [schjnjadanje]	*Frühstück*
wpół do [fpuw do]	*halb*

TR. 29

pierwszy [pjerfschi]	*erster*
drugi [drugi]	*zweiter*
trzeci [tschetschji]	*dritter*
czwarty [tschfarti]	*vierter*
piąty [pjonti]	*fünfter*
szósty [schusti]	*sechster*
siódmy [schjudmi]	*siebter*
ósmy [ußmi]	*achter*
dziewiąty [DSCHjewjonti]	*neunter*
dziesiąty [DSCHjeschjonti]	*zehnter*

TR. 30

basen [baßen]	*Schwimmbad*
bar [bar]	*Bar*
centrum konferencyjne [tsentrum konferentsijne]	*Konferenzzentrum*
centrum SPA [tsentrum spa]	*Spa-Center*
czynny [tschinni]	*geöffnet*
nieczynny [njetschinni]	*geschlossen*
otwarty [otfarti]	*geöffnet*
parking [parkink]	*Parkplatz*
piętro [pjentro]	*Etage*
restauracja [reßtauratsja]	*Restaurant*
sala bilardowa [ßala bilardowa]	*Billardraum*
sala zabaw dla dzieci [ßala sabaf dla dschjetschji]	*Spielzimmer*
sauna [ßauna]	*Sauna*
siłownia [schjiuwownja]	*Fitnessstudio*

winda [winda] *Aufzug*
zamknięty [samknjenti] *geschlossen*
znajdować się [snajdowatschj schje] *sich befinden*

TR. 31

jedenasty [jedenaßti] *elfter*
dwunasty [dwunaßti] *zwölfter*
trzynasty [tschinaßti] *dreizehnter*
czternasty [tschternaßti] *vierzehnter*
piętnasty [pjentnaßti] *fünfzehnter*
szesnasty [scheßnaßti] *sechzehnter*
siedemnasty [schjedemnaßti] *siebzehnter*
osiemasty [oschjemnaßti] *achtzehnter*
dziewiętnasty [DSCHjewjentnaßti] *neunzehnter*
dwudziesty [dwuDSCHjeßti] *zwanzigster*

TR. 32

cudownie [tsudownje] *wunderbar*
doskonale [doßkonale] *ausgezeichnet*
fantastycznie [fantaßtitschnje] *fantastisch*
oczywiście [otschiwischjtschje] *selbstverständlich*
pokój [pokuj] *Zimmer*
świetnie [schjwjetnje] *hervorragend*
zamówić do pokoju [samuwitschj do pokoju] *aufs Zimmer bestellen*

Nun wissen Sie auch, wie Sie sich im Hotel orientieren können. Hören Sie sich zum Schluss den kompletten Dialog an.

TR. 33

- Dobry wieczór, mam pytanie. O której godzinie jest śniadanie?
- Od siódmej do dziesiątej trzydzieści, tutaj na parterze.
- A czy basen jest jeszcze otwarty?
- Tak. Basen jest czynny do ósmej wieczorem.
- Czy basen też jest na parterze?
- Nie, basen jest na dziesiątym piętrze, a centrum SPA znajduje się na dziewiątym piętrze.
- Czy mogę zamówić kolację do pokoju?
- Tak, oczywiście. Karta menu jest w pokoju.
- Świetnie, dziękuję.

Abschließend finden Sie einige Satzbausteine, die Sie miteinander verbinden können, um hilfreiche Fragen zwecks Orientierung im Hotel zu bilden.

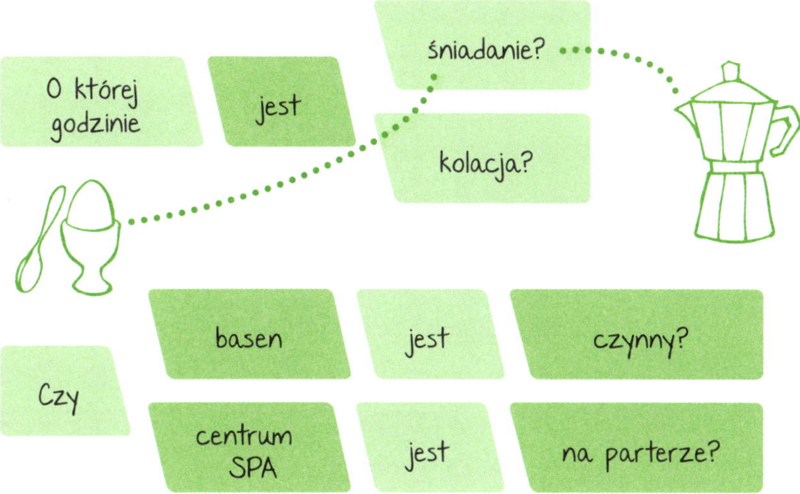

6 W RESTAURACJI
IM RESTAURANT

Sie sind abends in Ihrem Hotel angekommen und möchten nun essen gehen. Um genau das Richtige zu bestellen und die polnische Küche genießen zu können, werden Ihnen bestimmt folgende Wörter, die Sie vielleicht schon kennen oder sich erschließen können, helfen.

Wenn Sie essen gehen wollen, haben Sie in Polen die Wahl zwischen **tradycyjna kuchnia polska** [traditsijna kuhnja polska] *traditioneller polnischer Küche*, **kuchnia żydowska** [kuhnja SCHidofska] *jüdischer Küche*, **kuchnia amerykańska** [kuhnja amerikanjska] *amerikanischer Küche*, **kuchnia europejska** [kuhnja euwropejska] *europäischer Küche* und **kuchnia egzotyczna, na przykład tajska** [kuhnja egsotitschna, na pschikuwat tajska] *exotischer Küche, zum Beispiel der thailändischen.*

Sie haben sich für **tradycyjna kuchnia polska** entschieden und werden in dieser Lektion lernen, eine Bestellung aufzugeben.

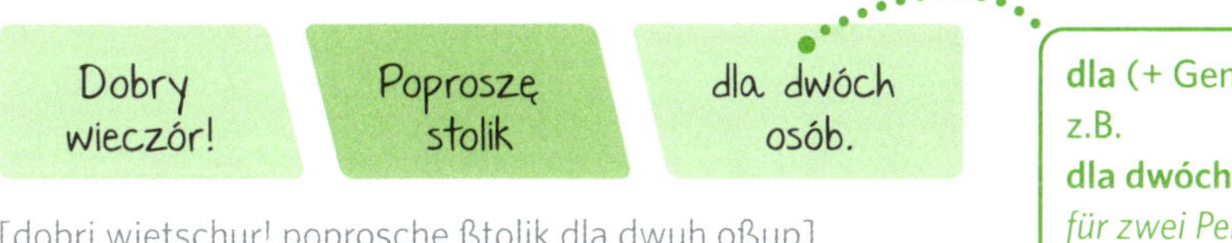

dla (+ Gen.) *für*
z.B.
dla dwóch osób
für zwei Personen

[dobri wjetschur! poprosche ßtolik dla dwuh oßup]
Guten Abend! Ich hätte gern einen Tisch für zwei Personen.

Da es schon Abend ist, beginnen Sie das Gespräch mit **dobry wieczór** [dobri wjetschur] *guten Abend*. Sie möchten für sich und Ihre Begleitung einen Tisch für zwei Personen. Das polnische Wort für Tisch lautet **stolik** [stolik] und bedeutet wortwörtlich übersetzt *Tischlein*. Außerhalb der Gastronomie heißt Tisch **stół** [stuw].

Um die Personenzahl anzugeben, können Sie die Wendung **dla... osób** [dla... oßup] mit der jeweiligen Zahl verwenden, z.B. **stolik dla dwóch osób** [ßtolik dla dwuh oßup] *ein Tisch für zwei Personen*. Die Form **dwóch** ist die Genitivform der femininen Nominativform **dwie**. Auch die anderen Grundzahlen werden dekliniert:

jedna osoba [jedna oßoba] — *eine Person*
→ **dla jednej osoby** [dla jednej oßobi] — *für eine Person*
dwie osoby [dwje oßobi] — *zwei Personen*
→ **dla dwóch osób** [dla dwuh oßup] — *für zwei Personen*
trzy osoby [tschi oßobi] — *drei Personen*
→ **dla trzech osób** [dla tscheh oßup] — *für drei Personen*
cztery osoby [tschteri oßobi] — *vier Personen*
→ **dla czterech osób** [dla tschtereh oßup] — *für vier Personen*
pięć osób [pjentschj oßup] — *fünf Personen*
→ **dla pięciu osób** [dla pjentschju oßup] — *für fünf Personen*

Statt **Poproszę stolik dla dwóch osób** können Sie auch fragen **Czy ma Pan(i) wolny stolik dla dwóch osób?** [tschi ma pan(i) wolni ßtolik dla dwuh oßup?] *Haben Sie einen freien Tisch für zwei Personen?*

Jetzt Sind Sie dran.

Bilden Sie aus den folgenden Aussagesätzen Fragen mit **Czy**. Sprechen Sie die Fragen danach laut aus.

1. Poproszę stolik dla jednej osoby.

Fragen Sie eine Kellnerin:

2. Poproszę stolik dla dwóch osób.

Fragen Sie einen Kellner:

3. Poproszę stolik dla trzech osób.

Fragen Sie einen Kellner:

4. Poproszę stolik dla czterech osób.

Fragen Sie eine Kellnerin:

Lösung
1. Czy ma Pani stolik dla jednej osoby?
2. Czy ma Pan stolik dla dwóch osób?
3. Czy ma Pan stolik dla trzech osób?
4. Czy ma Pani stolik dla czterech osób?

In einem Restaurant könnte der Kellner oder die Kellnerin nachfragen: **Czy ma Pan(i) rezerwację?** [tschi ma pan(ji) reserwatsje?] *Haben Sie reserviert?* Dies können Sie verneinen: **Nie, nie mam rezerwacji** [nje, nje mam reserwatsji] oder Sie antworten: **Tak, mam rezerwację na nazwisko...** [tak, mam reserwatsje na naswißko] *Ja, ich habe auf den Namen ... reserviert*, wie Sie es schon in der Lektion 4 an der Hotelrezeption gelernt haben.

Es könnte natürlich auch vorkommen, dass kein Tisch frei ist: **Bardzo mi przykro, ale nie mamy już ani jednego wolnego stolika** [bardso mi pschikro, ale nje mami jusch ani jednego wolnego ßtolika] *Es tut mir sehr leid, aber wir haben keinen freien Tisch mehr.* Merken Sie sich die Wendung – **bardzo mi przykro** [bardso mi pschikro] oder einfach

przykro mi [pschikro mi] *tut mir leid* – sie kann auch verwendet werden, wenn Sie jemandem sagen möchten, dass Sie etwas nicht verstehen, weil Sie nur ein wenig Polnisch sprechen: **Przykro mi, nie rozumiem. Mówię tylko trochę po polsku.** [pschikro mi, nje rosumjem. muwje tilko trohe po polßku] *Es tut mir leid, ich verstehe nicht. Ich spreche nur ein bisschen Polnisch.*

Aber heute haben Sie Glück, es gibt noch einen Tisch für Sie. Der Kellner **kelner** [kelner] bittet Sie dann, ihm zu folgen. Dafür verwendet er das Adverb **tędy** [tendi] *hier lang*. Er sagt, dass ein Tisch am Fenster **stolik przy oknie** [ßtolik pschi oknje] noch frei ist.

Tak, oczywiście.

Tędy proszę.

Stolik przy oknie jest jeszcze wolny.

[tak, otschiwischtschje. tendi prosche. ßtolik pschi oknje jeßt jeschtsche wolni.]
Ja, selbstverständlich. Hier geht's lang bitte. Der Tisch am Fenster ist noch frei.

Es könnte auch sein, dass Sie gezielt nach einem Tisch fragen wollen, der Ihnen besonders gut gefällt, z.B. **Czy jest wolny stolik przy kominku?** [tschi jeßt wolni ßtolik pschi kominku?] *Ist ein Tisch am Kaminofen frei?* oder **na tarasie** [na taraschje] *auf der Terrasse.*

Der Kellner wird Ihnen gleich **karta menu** [karta meni] *die Speisekarte* bringen.

Zaraz przyniosę Państwu kartę menu.

– Fantastycznie, dziękujemy.

dziękować (*danken*)
(ja) **dziękuję**
(ty) **dziękujesz**
on/ona/ono **dziękuje**
(my) **dziękujemy**
(wy) **dziękujecie**
oni/one **dziękują**

[saraß pschinjoße panjßtfu karte meni. – fantaßtitschnje, dschjenkujemi]
Ich bringe Ihnen gleich die Speisekarte. – Fantastisch, wir danken Ihnen.

Es ist auf jeden Fall sehr hilfreich, ein paar Grundbegriffe zu kennen, die Sie auf jeder polnischen Speisekarte sehen werden. Manchmal hilft es, nachzufragen: **Co to jest?** [tso to jeßt?] *Was ist das?*

dania główne (Pl.) [danja guwuwne]	*Hauptgerichte*
dania wegetariańskie (Pl.) [danja wegetarjanjßkje]	*vegetarische Gerichte*
desery (Pl.) [deßeri]	*Desserts*
dodatki (Pl.) [dodatki]	*Beilagen*
menu dziecięce [meni dschjetschjentse]	*Kinderkarte*
napoje ciepłe (Pl.) [napoje tschjepuwe]	*warme Getränke*
napoje zimne (Pl.) [napoje SCHjimne]	*kalte Getränke*
przystawki (Pl.) [pschißtafki]	*Vorspeisen*
zupy (Pl.) [supi]	*Suppen*

Jetzt Sind Sie dran.

Formulieren Sie folgende Wünsche und Fragen auf Polnisch.

1. Sie fragen, ob es vegetarische Gerichte gibt.

2. Sie fragen, ob es eine Kinderkarte gibt.

3. Bitten Sie um einen Tisch auf der Terrasse.

4. Bitten Sie um eine Speisekarte.

Lösung
1. Czy są dania wegetariańskie?
2. Czy jest menu dziecięce?
3. Poproszę stolik na tarasie.
4. Poproszę kartę menu.

Sollten Sie eine Lebensmittelallergie haben oder bestimmte Lebensmittel überhaupt nicht mögen, so empfiehlt es sich, diese im Wörterbuch nachzusehen und sich zu merken. Für alles andere heißt es dann mutig sein und ausprobieren!

Dann geht es schon weiter mit der Bestellung:

dla (+ Gen.)
für
z.B.
dla mojego męża
für meinen Mann

[tschi moge pschijontschj samuwjenje? – tak. ja poprosche befschtik ßßoßem tsebulowim, a dla mojego menSCHa poprosche pjerogi]
Kann ich die Bestellung entgegennehmen? – Ja. Ich hätte gerne ein Beefsteak mit Zwiebelsoße und für meinen Mann Piroggen bitte.

Bei der Frage nach der Entgegennahme einer Bestellung verwendet der Kellner die Verbformen **mogę** [moge] *ich kann* und **przyjąć** [pschijontschj] *entgegennehmen*. Die erste Verbform kennen Sie bereits aus der Lektion 4 – es ist die erste Person von **móc** [muts] *können*. Sie haben auch bereits erfahren, dass nach **móc** Verben in der Grundform (Infinitiv) folgen und so ist es auch im Falle von **przyjąć**. In der Frage taucht außerdem das Substantiv **zamówienie** [samuwjenje] *Bestellung* auf. Ähnlich klingt das Verb **zamówić** [samuwitschj] *bestellen*, Sie werden es für die folgenden Fragen gut gebrauchen können: **Czy mogę zamówić coś do picia?** [tschi moge samuwitschj tsoschj do pitschja?] *Kann ich etwas zu trinken bestellen?* oder **Czy mogę zamówić coś do jedzenia?** [tschi moge samuwitschj tsoschj do jedsenja?] *Kann ich etwas zu essen bestellen?*

Wie Sie bereits in der ersten Lektion gelernt haben, können Sie für Bestellungen **poproszę** [poprosche] *ich hätte gern* verwenden. Sie nehmen ein Beefsteak – für Ihren Mann bestellen Sie Piroggen. Ehemann heißt im Polnischen **mąż** [monsch], Ehefrau **żona** [SCHona]. Für Lebensgefährte würde man **partner** [partner] und für Lebensgefährtin **partnerka** [partnerka] sagen. Falls Sie mit Freunden unterwegs sind, können Sie **przyjaciel** [pschijatschjel] *Freund* bzw. **przyjaciółka** [pschijatschjuwka] *Freundin* verwenden.

Wenn Sie für Ihre Begleitung mitbestellen möchten, brauchen Sie die Präposition **dla** [dla] *für* sowie das Possessivpronomen **mój** [muj] *mein* bzw. **moja** [moja] *meine*. Nach **dla** stehen sowohl die Substantive als auch die Pronomen im Genitiv.

mój mąż → dla mojego męża
moja żona → dla mojej żony
mój partner → dla mojego partnera
moja partnerka → dla mojej partnerki
mój przyjaciel → dla mojego przyjaciela
moja przyjaciółka → dla mojej przyjaciółki

Eine kleine Auswahl an Gerichten, die Sie oft in polnischen Restaurants als Vor- oder Hauptspeise bestellen können, finden Sie in der folgenden Liste:

barszcz czerwony [barschtsch tscherwoni] *Rote-Bete-Suppe*
bigos [bigoß] *Bigos (Sauerkrauteintopf)*
gołąbki (Pl.) [gouwompki] *Kohlrouladen auf polnische Art*
kotlet schabowy [kotlet ßhabowi] *Schweinskotelett*
pierogi (Pl.) [pjerogi] *Piroggen*
pierogi ruskie (Pl.) [pjerogi rußkje] *Piroggen gefüllt mit Quark und Kartoffeln*
pierogi z kapustą (Pl.) [pjerogi ßkapustom] *Piroggen gefüllt mit Weißkohl*
pierogi z mięsem (Pl.) [pjerogi s mjenßem] *Piroggen gefüllt mit Fleisch*
placki ziemniaczane (Pl.) [platski SCHJemnjatschane] *Kartoffelpuffer*
pstrąg na niebiesko [pstronk na njebjeßko] *Forelle blau*
rosół [roßuw] *Brühe*
śledź marynowany [schjletschj marinowani] *Bismarckhering*
wątróbka [wontrupka] *Leber*
żurek [SCHurek] *saure Mehlsuppe*

Und jetzt sind Sie dran.

Bestellen Sie nun folgende Gerichte für die jeweilige Person.

1. Für sich selbst eine Rote-Bete-Suppe und Kartoffelpuffer.

2. Für Ihre Frau eine saure Mehlsuppe und Piroggen gefüllt mit Quark und Kartoffeln.

3. Für Ihren Freund hätten Sie gerne Bigos.

4. Für Ihre Freundin hätten Sie gerne Kohlrouladen auf polnische Art.

Lösung
1. Poproszę barszcz i placki ziemniaczane.
2. Dla mojej żony poproszę żurek i pierogi ruskie.
3. Dla mojego przyjaciela poproszę bigos.
4. Dla mojej przyjaciółki poproszę gołąbki.

Wenn Sie jemandem *Guten Appetit!* auf Polnisch wünschen möchten, sagen Sie **Smacznego!** [ßmatschnego]. *Zum Wohl!* heißt auf Polnisch **Na zdrowie!** [na sdrowje].

Der Kellner fragt Sie nun, welche Beilagen Sie zu Ihrem Beefsteak haben möchten:

Jakie dodatki do befsztyku dla Pani?

Poproszę frytki i zestaw surówek.

Fragepronomen werden im Polnischen dekliniert, z.B.
Jaki? *Welcher?* (Sg. mask.)
Jakie? *Welches?* (Sg. neutr.)
Jaka? *Welche?* (Sg. fem.)
Jakie? *Welche?* (Pl.)

[jakje dodatki do befschtiku dla panji? – poprosche fritki i seßtaf ßuruwek]
Welche Beilagen zum Beefsteak für die Dame? – Ich hätte gern Pommes frites und einen Rohkostsalat-Teller.

Hier noch einige weitere Beilagen, die Sie auf polnischen Speisekarten sehen werden:

frytki (Pl.) [fritki] — *Pommes frites*
makaron [makaron] — *Nudeln*
pieczywo [pjetschiwo] — *Gebäck*
ryż [risch] — *Reis*
warzywa (Pl.) [waSCHiwa] — *Gemüse*
zestaw surówek [seßtaf ßuruwek] — *Rohkostsalat-Teller*
ziemniaki (Pl.) [SCHJemnjaki] — *Kartoffeln*

Jetzt fehlen noch die Getränke in Ihrer Bestellung:

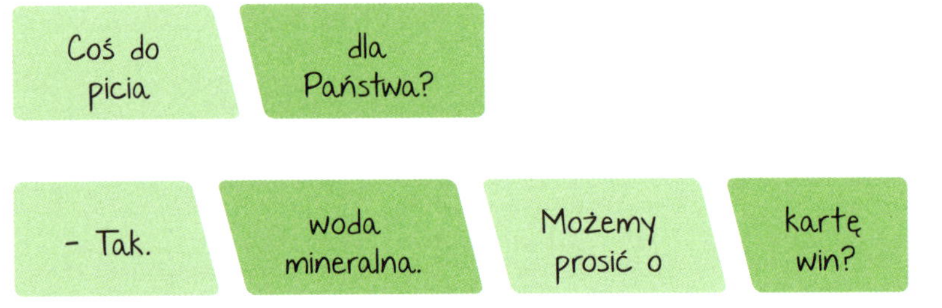

[tsoschj do pitschja dla panjstfa? – tak, woda mineralna. moSCHemi proschjitschj o karte win?]
Etwas zu trinken für Sie? – Ja, Mineralwasser bitte. Dürfen wir um eine Weinkarte bitten?

Hier der Überblick über die wichtigsten Getränke:

herbata [herbata] — *Tee*
lemoniada [lemonjada] — *Limonade*
piwo [piwo] — *Bier*
sok jabłkowy [sok jabuwkowi] — *Apfelsaft*
sok pomarańczowy [sok pomaranjtschowi] — *Orangensaft*
woda mineralna gazowana [woda mineralna gasowana] — *Mineralwasser mit Kohlensäure*
woda mineralna niegazowana [woda mineralna njegasowana] — *Mineralwasser ohne Kohlensäure*
wino białe [wino bjauwe] — *Weißwein*
wino czerwone [wino tscherwone] — *Rotwein*

Jetzt sind Sie dran.

Finden Sie jeweils ein Begriff, der nicht in die Reihe passt.

1. **frytki | rosół | żurek | barszcz**
2. **frytki | makaron | ryż | ziemniaki | herbata**
3. **woda mineralna | sok jabłkowy | wino czerwone | lemoniada**
4. **pierogi z mięsem | śledź marynowany | befsztyk | kotlet schabowy**

Lösung

1. frytki (eine Beilage; die anderen Begriffe sind Suppen)
2. herbata (ein Getränk; die anderen Begriffe sind Beilagen)
3. wino czerwone (alkoholisches Getränk; die anderen Begriffe sind alkoholfreie Getränke)
4. śledź marynowany (ein Fischgericht; die anderen Begriffe sind Gerichte mit Fleisch)

Der Kellner fragt Sie nun abschließend, ob Sie einen Nachtisch bestellen möchten:

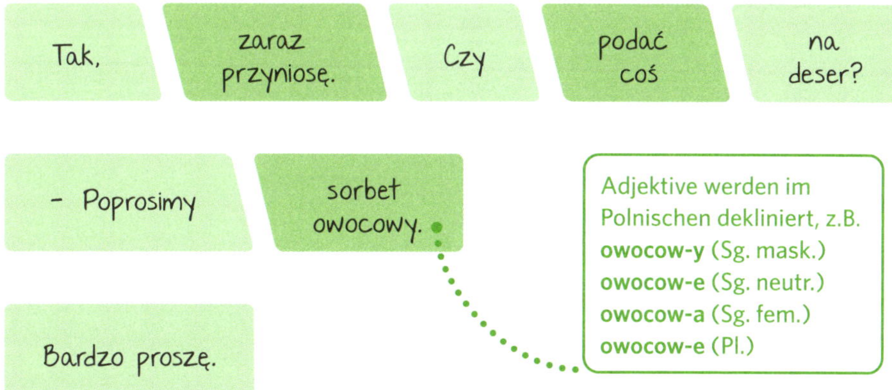

[tak, saraß pschinjoße. tschi podatschj tsoschj na deßer? - poproschimi ßorbet owotsowi. - bardso prosche]

Ja, ich bringe sie Ihnen gleich. Darf ich Ihnen einen Nachtisch servieren? - Wir hätten gern Fruchtsorbet.
- Bitte sehr.

Statt **Czy podać coś na deser?** [tschi podatschj tsoschj na deßer?] *Darf ich Ihnen einen Nachtisch servieren?* können Sie auch **Coś na deser dla Państwa?** [tsoschj na deßer dla panjßtfa?] *Möchten Sie einen Nachtisch?* hören.

Hier der Überblick über die wichtigsten Desserts - die Kuchensorten haben Sie ja bereits in der ersten Lektion kennengelernt.

gofry z bitą śmietaną (Pl.) [gofri s bitom schjmjetanom] *heiße Waffeln mit Sahne*
lody czekoladowe (Pl.) [łodi tschekoladowe] *Schokoladeneis*
lody waniliowe (Pl.) [łodi waniljowe] *Vanilleeis*
lody owocowe (Pl.) [łodi owotsowe] *Fruchteis*
naleśniki z dżemem (Pl.) [naleschjnjiki s DSCHemem] *Pfannkuchen mit Marmelade*
naleśniki z serem (Pl.) [naleschjnjiki ßßerem] *Pfannkuchen mit Quark*
sałatka owocowa [ßauwatka owotsowa] *Obstsalat*
sorbet owocowy [ßorbet owotsowi] *Fruchtsorbet*
tort czekoladowy [tort tschekoladowi] *Schokoladentorte*

Jetzt Sind Sie dran.

Die Sätze sind durcheinandergekommen. Bringen Sie sie wieder in die richtige Reihenfolge.

1. **lody czekoladowe | Dla | poproszę | męża | mojego | .**

2. **zamówić | tort czekoladowy | mogę | Czy | ?**

3. **Poproszę | dla | stolik | dwóch osób | .**

4. ma | wolny | Pani | Czy | stolik | na tarasie | ?

5. prosić | o | Możemy | menu | kartę | ?

6. Czy | ma | stolik | Pan | jednej | dla | osoby | ?

Lösung
1. Dla mojego męża poproszę lody czekoladowe.
2. Czy mogę zamówić tort czekoladowy?
3. Poproszę stolik dla dwóch osób.
4. Czy ma Pani wolny stolik na tarasie?
5. Możemy prosić o kartę menu?
6. Czy ma Pan stolik dla jednej osoby?

Sie haben nun die Namen der gängigsten polnischen Speisen, Beilagen, Desserts und Getränke gelernt und wissen, wie Sie in einem Restaurant auf Polnisch bestellen können. Was jetzt noch fehlt, sind folgende Begriffe: **Smacznego!** [ßmatschnego] *Guten Appetit!* und **Na zdrowie!** [na sdrowje!] *Prost!*

Jetzt sind Sie dran.

Hier sehen Sie nun alle Wörter dieser Lektion. Das sind ganz schön viele! Sie müssen aber nicht alle lernen. Entscheiden Sie, welche Wörter für Sie persönlich wichtig sind. Suchen Sie sich zum Beispiel die Gerichte und Getränke aus, die Sie gerne essen und trinken. Behalten Sie diese im Hinterkopf, wenn Sie in Polen essen gehen.

TR. 34

tradycyjna kuchnia polska [traditsijna kuhnja polßka] *traditionelle polnische Küche*
kuchnia żydowska [kuhnja SCHidofska] *jüdische Küche*
kuchnia amerykańska [kuhnja amerikanjska] *amerikanische Küche*

kuchnia europejska [kuhnja euwropejska] — *europäische Küche*
kuchnia egzotyczna [kuhnja egsotitschna] — *exotische Küche*
kuchnia tajska [kuhnja tajßka] — *thailändische Küche*

TR. 35

stolik [stolik] — *Tisch (in der Gastronomie)*
stół [stuw] — *Tisch*
jedna osoba [jedna oßoba] — *eine Person*
dla jednej osoby [dla jednej oßobi] — *für eine Person*
dwie osoby [dwje oßobi] — *zwei Personen*
dla dwóch osób [dla dwuh oßup] — *für zwei Personen*
trzy osoby [tschi oßobi] — *drei Personen*
dla trzech osób [dla tscheh oßup] — *für drei Personen*
cztery osoby [tschteri oßobi] — *vier Personen*
dla czterech osób [dla tschtereh oßup] — *für vier Personen*
pięć osób [pjentschj oßup] — *fünf Personen*
dla pięciu osób [dla pjentschju oßup] — *für fünf Personen*

TR. 36

wolny [wolni] — *frei*
rezerwacja [reserwatsja] — *Reservierung*
Bardzo mi przykro. [bardso mi pschikro] — *Es tut mir sehr leid.*
Przykro mi. [pschikro mi] — *Es tut mir leid.*
ani jeden [ani jeden] — *kein einziger*
rozumiem [rosumjem] — *ich verstehe*
mówię [muwje] — *ich spreche*
tylko trochę [tilko trohe] — *nur ein bisschen*
po polsku [po polßku] — *auf Polnisch*

TR. 37

oczywiście [otschiwischtschje] — *selbstverständlich*
tędy [tendi] — *hier lang*
przy oknie [pschi oknje] — *am Fenster*
jeszcze [jeschtsche] — *noch*
karta menu [karta meni] — *Speisekarte*

fantastycznie [fantaßtitschnje] — *fantastisch*
dziękować [dschjenkowatschj] — *danken*
przy kominku [pschi kominku] — *am Kamin*
na tarasie [na taraschje] — *auf der Terrasse*
Co to jest? [tso to jeßt?] — *Was ist das?*

TR. 38

dania główne (Pl.) [danja guwuwne] — *Hauptgerichte*
dania wegetariańskie (Pl.) [danja wegetarjanjßkje] — *vegetarische Gerichte*
desery (Pl.) [deßeri] — *Desserts*
dodatki (Pl.) [dodatki] — *Beilagen*
menu dziecięce [meni dschjetschjentse] — *Kinderkarte*
napoje ciepłe (Pl.) [napoje tschjepuwe] — *warme Getränke*
napoje zimne (Pl.) [napoje SCHjimne] — *kalte Getränke*
przystawki (Pl.) [pschißtafki] — *Vorspeisen*
zupy (Pl.) [supi] — *Suppen*

TR. 39

mogę [moge] — *ich kann*
przyjąć [pschijontschj] — *entgegennehmen*
móc [muts] — *können*
zamówienie [samuwjenje] — *Bestellung*
zamówić [samuwitschj] — *bestellen*
coś do picia [tsoschj do pitschja] — *etwas zu trinken*
coś do jedzenia [tsoschj do jedsenja] — *etwas zu essen*
mój mąż [muj monsch] — *mein Mann*
dla mojego męża [dla mojego menSCHa] — *für meinen Mann*
moja żona [moja SCHona] — *meine Frau*
dla mojej żony [dla mojej SCHoni] — *für meine Frau*
mój partner [muj partner] — *mein Lebensgefährte*
dla mojego partnera [dla mojego partnera] — *für meinen Lebensgefährten*
moja partnerka [moja partnerka] — *meine Lebensgefährtin*
dla mojej partnerki [dla mojej partnerki] — *für meine Lebensgefährtin*
mój przyjaciel [muj pschijatschjel] — *mein Freund*

dla mojego przyjaciela [dla mojego pschijatschjela]	*für meinen Freund*
moja przyjaciółka [moja pschijatschjuwlka]	*meine Freundin*
dla mojej przyjaciółki [dla mojej pschijatschjuwlki]	*für meine Freundin*

TR. 40

barszcz czerwony [barschtsch tscherwoni]	*Rote-Bete-Suppe*
bigos [bigoß]	*Bigos (Sauerkrauteintopf)*
gołąbki (Pl.) [gouwompki]	*Kohlrouladen auf polnische Art*
kotlet schabowy [kotlet ßhabowi]	*Schweinskotelett*
Na zdrowie! [na sdrowje]	*Zum Wohl!*
pierogi (Pl.) [pjerogi]	*Piroggen*
pierogi ruskie (Pl.) [pjerogi rußkje]	*Piroggen gefüllt mit Quark und Kartoffeln*
pierogi z kapustą (Pl.) [pjerogi ßkapustom]	*Piroggen gefüllt mit Weißkohl*
pierogi z mięsem (Pl.) [pjerogi smjensem]	*Piroggen gefüllt mit Fleisch*
placki ziemniaczane (Pl.) [platski SCHJemnjatschane]	*Kartoffelpuffer*
pstrąg na niebiesko [pstronk na njebjeßko]	*Forelle blau*
rosół [roßuuw]	*Brühe*
Smacznego! [ßmatschnego]	*Guten Appetit!*
śledź marynowany [schjletschj marinowani]	*Bismarckhering*
wątróbka [wontrupka]	*Leber*
żurek [SCHurek]	*saure Mehlsuppe*

TR. 41

Jaki? [jaki]	*Welcher? (Sg. mask.)*
Jakie? [jakje]	*Welches? (Sg. neutr.)*
Jaka? [jaka]	*Welche? (Sg. fem.)*
Jakie? [jakje]	*Welche? (Pl.)*
frytki [fritki]	*Pommes frites*
makaron [makaron]	*Nudeln*
pieczywo [pjetschiwo]	*Gebäck*
ryż [risch]	*Reis*

warzywa (Pl.) [waSCHiwa] *Gemüse*
zestaw surówek [seßtaf ßuruwek] *Rohkostsalat-Teller*
ziemniaki (Pl.) [SCHJemnjaki] *Kartoffeln*

TR. 42

karta win [karta win] *Weinkarte*
herbata [herbata] *Tee*
lemoniada [lemonjada] *Limonade*
piwo [piwo] *Bier*
sok jabłkowy [sok jabuwkowi] *Apfelsaft*
sok pomarańczowy [sok pomaranjtschowi] *Orangensaft*
woda mineralna gazowana [woda mineralna gasowana] *Mineralwasser mit Kohlensäure*
woda mineralna niegazowana [woda mineralna njegasowana] *Mineralwasser ohne Kohlensäure*
wino białe [wino bjauwe] *Weißwein*
wino czerwone [wino tscherwone] *Rotwein*

TR. 43

owocowy [owotsowi] *Frucht-*
podać [podatschj] *servieren*
coś na deser [tsoschj na deßer] *etwas zum Nachtisch*
gofry z bitą śmietaną (Pl.) [gofri s bitom schjmjetanom] *heiße Waffeln mit Sahne*
lody czekoladowe (Pl.) [lodi tschekoladowe] *Schokoladeneis*
lody waniliowe (Pl.) [lodi waniljowe] *Vanilleeis*
lody owocowe (Pl.) [lodi owotsowe] *Fruchteis*
naleśniki z dżemem (Pl.) [naleschjnjiki s DSCHemem] *Pfannkuchen mit Marmelade*
naleśniki z serem (Pl.) [naleschjnjiki ßßerem] *Pfannkuchen mit Quark*
sałatka owocowa [ßauwatka owotsowa] *Obstsalat*
sorbet owocowy [ßorbet owotsowi] *Fruchtsorbet*
tort czekoladowy [tort tschekoladowi] *Schokoladentorte*
Smacznego! [ßmatschnego] *Guten Appetit!*
Na zdrowie! [na sdrowje!] *Prost!*

Jetzt verfügen Sie über einen nötigen Wortschatz, um essen zu gehen. Hören Sie zum Schluss der Lektion den gesamten Dialog im Restaurant an.

TR. 44

- ● Dobry wieczór. Poproszę stolik dla dwóch osób.
- ○ Tak, oczywiście. Tędy proszę. Stolik przy oknie jest jeszcze wolny.
- ● Fantastycznie, dziękujemy.
- ○ Czy mogę przyjąć zamówienie?
- ● Tak. Ja poproszę befsztyk z sosem cebulowym, a dla mojego męża poproszę pierogi.
- ○ Jakie dodatki do befsztyku dla Pani?
- ● Poproszę frytki i zestaw surówek.
- ○ Coś do picia dla Państwa?
- ● Tak, woda mineralna. Możemy prosić o kartę win?
- ○ Tak, zaraz przyniosę. Czy podać coś na deser?
- ● Poprosimy sorbet owocowy.
- ○ Bardzo proszę.

Mit diesen Satzbausteinen bilden Sie hilfreiche Sätze für die Situation im Restaurant.

7 W PUNKCIE INFORMACJI TURYSTYCZNEJ

BEI DER TOURISTENINFORMATION

Sie sind an Ihrem Reiseziel angekommen und möchten sich nun gerne die Stadt ansehen. Welche Arten von Sehenswürdigkeiten gibt es und wo befinden sie sich? Antworten auf diese Fragen erhalten Sie bei der Touristeninformation. Folgende Vokabeln, die Sie vielleicht schon kennen, können Ihnen für die Situation nützlich sein.

Nehmen wir einmal an, Ihr Reiseziel ist **Kraków** [krakuf] *Krakau*, die zweitgrößte Stadt Polens und der ehemalige Sitz der polnischen Könige. Ein **punkt informacji turystycznej** [punkt informatsji turißtitschnej] *Touristeninformation* befindet sich in **Sukiennice** [ßukjennitse] *Tuchhallen* auf **Rynek** [rinek] *Markplatz*. Da Sie zum ersten Mal in Krakau sind, wollen Sie nun in der Touristeninformation wissen, welche Sehenswürdigkeiten die Stadt zu bieten hat. Sie werden gleich angesprochen:

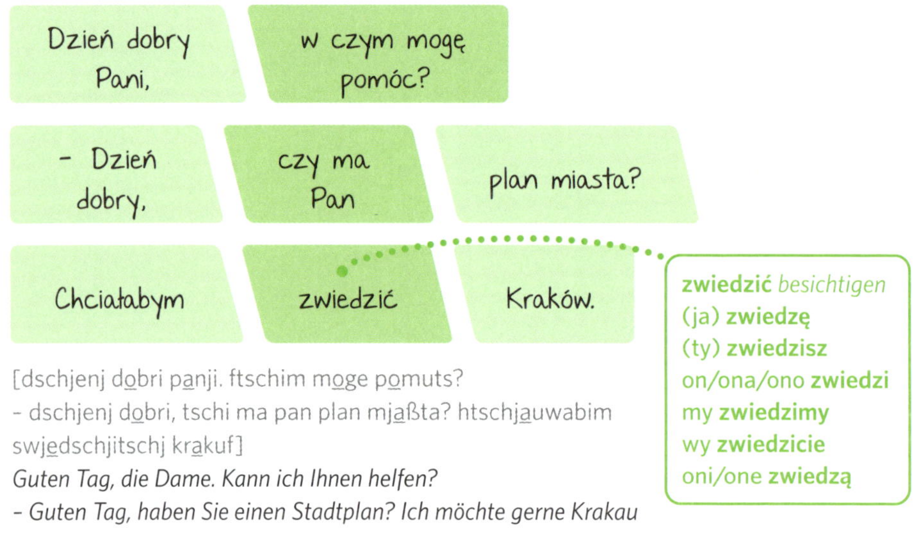

zwiedzić *besichtigen*
(ja) **zwiedzę**
(ty) **zwiedzisz**
on/ona/ono **zwiedzi**
my **zwiedzimy**
wy **zwiedzicie**
oni/one **zwiedzą**

[dschjenj dobri panji. ftschim moge pomuts?
- dschjenj dobri, tschi ma pan plan mjaßta? htschjauwabim swjedschjitschj krakuf]
Guten Tag, die Dame. Kann ich Ihnen helfen?
- Guten Tag, haben Sie einen Stadtplan? Ich möchte gerne Krakau besichtigen.

Der erste Satz kommt Ihnen wahrscheinlich bekannt vor. In der Lektion 4 begrüßte Sie die Rezeptionistin auf ähnliche Weise. Falls Sie in der Touristeninformation selbst das Gespräch eröffnen wollen, können Sie Folgendes sagen: **Dzień dobry, mam pytanie.** [dschjenj dobri, mam pitanje] *Guten Tag, ich habe eine Frage.* Auch diesen Satz kennen Sie vielleicht noch aus der vierten Lektion.

Sie fragen nun als erstes nach einem *Stadtplan* **plan miasta** [plan mjaßta]. Das können Sie mit der Entscheidungsfrage **czy** [tschi] machen: **Czy ma Pan plan miasta?** [tschi ma pan plan mjaßta] *Haben Sie einen Stadtplan?* Für Städte benutzt man das Wort **miasto** [mjaßto], für kleinere Ortschaften bzw. Dörfer **miejscowość** [mjejßtsowoschjtschj].

Sie sagen dem Mitarbeiter der Touristeninformation, dass Sie gerne die Altstadt besichtigen möchten. Die polnische Entsprechung von *ich möchte* heißt **chciałbym** [htschjauwbim] (männliche Form) bzw. **chciałabym** [htschjauwabim] (weibliche Form). Nach **chciał(a)bym** stehen die Verben im Infinitiv, z.B.: **Chciałabym zwiedzić Kraków.** [htschjauwabim swjedschjitschj krakuf] *Ich möchte gerne Krakau besichtigen.*

Jetzt sind Sie dran.

Ergänzen Sie die Lücken mit dem passenden Verb.

chciałbym | **chciałabym** | **jest** | **ma** | **mam**

Eine Touristin sagt/fragt:

1. „ zwiedzić Gdańsk".

2. „Czy Pani plan miasta"?

3. „Przepraszam, pytanie."

Ein Tourist sagt/fragt:

4. „Czy Posen to po polsku Poznań?"

5. „ zwiedzić Wrocław".

Gdańsk *Danzig*
Kraków *Krakau*
Łódź *Lodz*
Poznań *Posen*
Warszawa *Warschau*
Wrocław *Breslau*
Zakopane *Zakopane*

Lösung
1. Chciałabym, **2.** ma, **3.** mam, **4.** jest, **5.** Chciałbym

Ihnen wird zuerst auf dem Stadtplan gezeigt, wo Sie sind:

[tak, prosche bardso. jeßteschjmi tutaj, na rinku]
Ja, bitte schön. Wir sind hier, auf dem Marktplatz.

Die Touristeninformation befindet sich **na rynku** [na rinku] *auf dem Marktplatz*. Nach der Präposition **na** [na] *an/auf* wird der Lokativ verwendet, wenn ein Ort genannt wird. **Rynku** [rinku] ist also die Lokativform von **rynek** [rinek].
Als Nächstes wird Ihnen erläutert, was Sie von Ihrem Standort aus besichtigen können.

[moSCHe tu panji swjedschjitschj ßukiennitse i koschtschjuw marjatski. saraß obok jeßt ulitsa florjanjßka]
Sie können hier die Tuchhallen und die Marienkirche besichtigen. Gleich nebenan befindet sich die St. Florian-Straße.

Im Polnischen gibt es folgende Adjektivendungen:
-y oder **-i** (mask.)
z.B. **Mariacki**
-e oder **-ie** (neutr.)
z.B. **Mariackie**
-a (fem.)
z.B. **Floriańska**

Während **Sukiennice** [ßukiennitse] *Tuchhallen* eine seltene Sehenswürdigkeit darstellen, beinhalten **Kościół Mariacki** [koschtschjuw marjatski] *Marienkirche* und **ulica Floriańska** [ulitsa florjanjßka] *St. Florian-Straße* wichtige Begriffe für die Besichtigung einer Stadt. Ein **kościół** [koschtschjuw] bezeichnet ein *Kirchengebäude*, in größeren Städten befindet sich oft eine **katedra** [katedra] *Dom*. Neben **ulica** [ulitsa] *Straße* werden Sie auf polnischen Stadtplänen noch **aleja** [aleja] *Allee* und **plac** [plats] *Platz* sehen. Viele polnische Straßennamen enden auf **-ska** [ßka] oder **-cka** [tska], z.B. **ulica Floriańska** [ulitsa florjanjßka]. Wörter, die auf **-ska** oder **-cka** enden, sind Adjektive und werden im Falle von Namen großgeschrieben. Adjektive werden im Geschlecht und Zahl an das Substantiv angeglichen und bekommen entsprechende Endungen, z.B. **Mariack-i** (mask.), **Mariack-ie** (neutr.) und **Mariack-a** (fem.).

Jetzt sind Sie dran.

Versuchen Sie die richtigen Adjektivendungen zuzuordnen.

1. Czy to jest ulica...
- ☐ **A** Długi?
- ☐ **B** Długa?

2. Czy to jest aleja...
- ☐ **A** Lipowe?
- ☐ **B** Lipowa?

3. Czy to jest plac...
- ☐ **A** Nowy?
- ☐ **B** Nowa?

4. Czy to jest katedra...
- ☐ **A** Wawelski?
- ☐ **B** Wawelska?

Lösung
1. B, **2.** B, **3.** A, **4.** B

Der Mitarbeiter der Touristeninformation sagt Ihnen, dass es von der **ulica Floriańska** nicht weit weg bis zur nächsten Sehenswürdigkeit von Krakau ist. Um eine Dopplung zu vermeiden, verwendet er statt **ulica Floriańska** das Wort **stąd** [ßtont] *von hier aus.*

Stąd | jest blisko | do Wawelu.

[ßtont jeßt blißko do wawelu]
Von hier aus ist es nicht weit weg zum Wawel-Hügel.

do (+ Gen.) *zu*
z.B.
do Wawelu
zum Wawel-Hügel

Ganz hilfreich, wenn Sie nach der Entfernung zu interessanten Sehenswürdigkeiten fragen wollen, sind neben **stąd** [ßtont] *von hier aus* und **blisko** [blißko] *nicht weit weg* auch **stamtąd** [ßtamtont] *von dort aus*, **daleko** [daleko] *weit weg* und **niedaleko** [njedaleko] *nicht weit weg*. In unserem Beispielsatz ist es von Ihrem Standort aus **niedaleko do Wawelu** [njedaleko do wawelu] *nicht weit zum Wawel-Hügel.*
Nach der Präposition **do** [do] *zu* wird der Genitiv verwendet, wenn ein Ort oder eine Person genannt wird. **Wawelu** [wawelu] ist also die Genitivform von **Wawel** [wawel].

Alle belebten, z.B. **pan** und einige wenige unbelebten maskulinen Substantive, z.B. **kościół** bekommen im Genitiv Singular die Endung **-a**. Aus **pan** wird also **pan-a**, aus **kościół** wird **kościoł-a**. Die meisten unbelebten maskulinen Substantive bekommen die Endung **-u**, z.B. **Wawel-u**.

Im Polnischen gibt es 11 sog. weiche Konsonanten: **ć/ci, dź/dzi, ń/ni, ś/si, ź/zi** und **j**.

Alle neutralen Substantive bekommen die Endung **-a** oder **-ia** (nach weichen Konsonanten). Feminine Substantive bekommen im Genitiv die Endung **-y** oder **-i** (nach -g, -k, -l sowie nach weichen Konsonanten).

Bevor Sie die Genitivendungen trainieren, lernen Sie noch weitere Vokabeln kennen, die Sie für eine Stadtbesichtigung gut gebrauchen können.

deptak [deptak] *Promenade*
stare miasto [ßtare mjaßto] *Altstadt*
most [moßt] *Brücke*
pałac [pauwats] *Palais*
park [park] *Park*
pomnik [pomnik] *Denkmal*
port [port] *Hafen*
ratusz [ratusch] *Rathaus*
zamek [samek] *Schloss*

Und jetzt Sind Sie dran.

Bilden Sie aus den folgenden Wörtern Fragen mit **czy**.

1. **stąd** | **blisko** | **do** | **katedra** (fem.)
Czy stąd jest blisko do katedry?

2. **stamtąd** | **blisko** | **do** | **most** (mask.)
?

3. **stamtąd** | **daleko** | **do** | **park** (mask.)
?

4. **stąd** | **daleko** | **do** | **miasto** (neutr.)
?

Lösung
2. Czy stamtąd jest blisko do mostu?
3. Czy stamtąd jest daleko do parku?
4. Czy stąd jest daleko do miasta?

Sie haben gehört, dass es ein jüdisches Stadtviertel in Krakau gibt und fragen danach:

A gdzie jest żydowski Kazimierz?

[a gdschje jeßt SCHidofßki kaSCHImjesch?]
Und wo ist das jüdische Kazimierz-Viertel?

Adjektive, die Eigenschaften oder Merkmale bezeichnen, stehen im Polnischen vor dem Substantiv, wie in dem Beispiel **żydowski Kazimierz** [SCHidofßki kaSCHImjesch]. Bildet das Adjektiv hingegen einen festen Begriff mit dem Substantiv, z.B. **muzeum historyczne** [museum hißtoritschne] *historisches Museum*, steht das Adjektiv hinter dem Substantiv und wird im Falle von Eigennamen großgeschrieben, z.B. **Kościół Mariacki** [koschtschjuw marjatski] *Marienkirche*.

Und jetzt sind Sie dran.

Markieren Sie die Adjektive und ordnen Sie anschließend die passende Übersetzung.

1. Rynek Główny [rinek guwni]	___ **A** Altstadt
2. Muzeum Historyczne [museum hißtoritschne]	___ **B** Königsschloss
3. Zamek Królewski [samek krulefßki]	___ **C** Hauptmarkt
4. Hala Targowa [hala targowa]	___ **D** historisches Museum
5. Dworzec Centralny [dwoSCHets tsentralni]	___ **E** Markthalle
6. Stare Miasto [ßtare mjaßto]	___ **F** Zentralbahnhof

Lösung
1. główny (C), **2.** historyczne (D), **3.** królewski (B), **4.** targowa (E), **5.** centralny (F), **6.** stare (A)

Der Mitarbeiter der Touristeninformation beantwortet Ihre Frage:

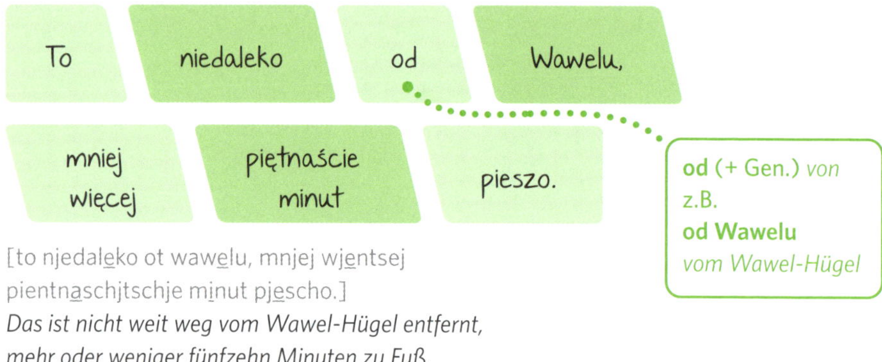

[to njedaleko ot wawelu, mnjej wjentsej pientnaschjtschje minut pjescho.]
Das ist nicht weit weg vom Wawel-Hügel entfernt, mehr oder weniger fünfzehn Minuten zu Fuß.

Um eine zeitliche Entfernung anzugeben, kann man die Wendung **To mniej więcej piętnaście minut** [to mnjej wjentsej pientnaschjtschje minut] *Das sind mehr oder weniger 15 Minuten.* verwenden. Der Ausdruck **pieszo** [pjescho] gibt an, dass sich die Entfernung in fünfzehn Minuten *zu Fuß* bewältigen lässt. Wäre das Ziel weiter weg, hätten Sie vielleicht folgende Wendungen gehört: **autobusem** [autobußem] *mit dem Bus*, **tramwajem** [tramwajem] *mit der Straßenbahn* oder **samochodem** [ßamohodem] *mit dem Auto.*

Abschließend bedanken Sie sich für die Information:

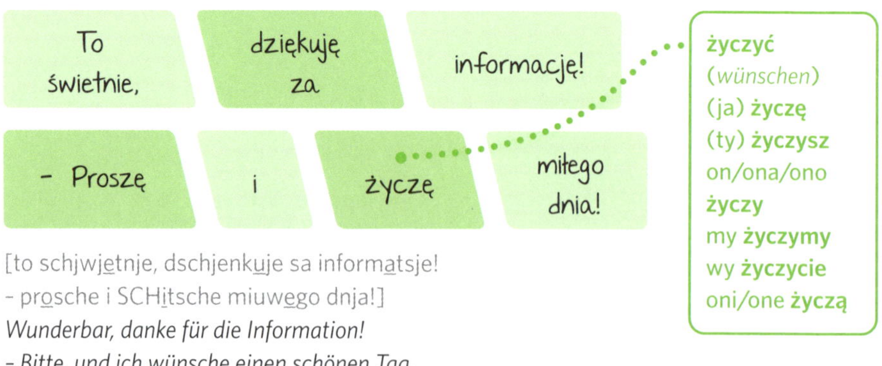

[to schjwjetnje, dschjenkuje sa informatsje!
- prosche i SCHitsche miuwego dnja!]
Wunderbar, danke für die Information!
- Bitte, und ich wünsche einen schönen Tag.

Bis auf die Wendung **Życzę miłego dnia!** [SCHitsche miuwego dnja!] verstehen Sie den letzten Teil des Dialogs problemlos. Daher kommen wir zu einer abschließenden Übung. Hier können Sie auf Polnisch Auskünfte bei der Touristeninformation einholen.

Jetzt sind Sie dran.

Bilden Sie nun selbst die Sätze, die Sie bisher gelernt haben.

1. Pani | Czy | plan | Warszawy | ma | ?

2. Czy | daleko | muzeum | jest | stąd | historyczne | ?

3. zwiedzić | stare | Chciałabym | miasto | .

4. około | To | pieszo | minut | dziesięć | .

5. hala | jest | targowa | Gdzie | ?

Lösung
1. Czy ma Pani plan Warszawy? **2.** Czy muzeum historyczne jest daleko stąd?
3. Chciałabym zwiedzić stare miasto. **4.** To około dziesięć minut pieszo.
5. Gdzie jest hala targowa?

Jetzt sind Sie dran.

Am besten prägen Sie sich die neuen Wörter ein, wenn sie in einem Zusammenhang gelernt werden. Wenn Sie zum Beispiel **plan miasta** lernen möchten, schreiben Sie sich dazu einen Satz wie **Czy ma Pan(i) plan miasta?** auf. Eine andere Möglichkeit ist es, Wörter aus der gleichen Wortfamilie oder Zusammensetzungen zu suchen. So würden zu miasto folgende Wörter passen: **plan miasta** und **stare miasto**.

TR. 45

Kraków [krakuf] — *Krakau*

punkt informacji turystycznej [punkt informatsji turißtitschnej] — *Touristeninformation*

Sukiennice [ßukiennitse]	*Tuchhallen*
rynek [rinek]	*Marktplatz*
w czym [f tschim]	*wobei*
pomóc [pomuts]	*helfen*
pytanie [pitanje]	*Frage*
plan miasta [plan mjaßta]	*Stadtplan*
zwiedzić [swjedschjitschj]	*besichtigen*
miasto [mjaßto]	*Stadt*
miejsce [mjejßtse]	*Ort*
miejscowość [mjejßtsowoschjtschj]	*Ortschaft*

TR. 46

chciał(a)bym [htschjauw(a)bim]	*ich möchte*
Gdańsk [gdanjßk]	*Danzig*
Łódź [uwudschj]	*Lodz*
Poznań [posnanj]	*Posen*
Warszawa [warschawa]	*Warschau*
Wrocław [wrotsuwaf]	*Breslau*
Zakopane [sakopane]	*Zakopane*
tutaj [tutaj]	*hier*
na [na]	*an/auf*

TR. 47

Rynek Główny [rinek guwni]	*Hauptmarktplatz*
Muzeum Historyczne [museum hißtoritschne]	*Historisches Museum*
Zamek Królewski [samek krulefßki]	*Königsschloss*
Hala Targowa [hala targowa]	*Markthalle*
Dworzec Centralny [dwoSCHets tsentralni]	*Zentralbahnhof*
Stare Miasto [ßtare mjaßto]	*Altstadt*
Kościół Mariacki [koschtschjuw marjatski]	*Marienkirche*
zaraz obok [saraß obok]	*gleich nebenan*
ulica Floriańska [ulitsa florjanjßka]	*St. Florian-Straße*

kościół [koschtschjuw] *Kirche, Kirchengebäude*
katedra [katedra] *Dom*
ulica [ulitsa] *Straße*
aleja [aleja] *Allee*
plac [plats] *Platz*
stąd [ßtont] *von hier aus*
blisko [blißko] *nicht weit weg*
stamtąd [ßtamtont] *von dort aus*
daleko [daleko] *weit weg*
niedaleko [njedaleko] *nicht weit weg*
do [do] *zu*

TR. 48

deptak [deptak] *Promenade*
mniej więcej [mnjej wjentsej] *mehr oder weniger*
most [moßt] *Brücke*
pałac [pauwats] *Palais*
park [park] *Park*
pomnik [pomnik] *Denkmal*
port [port] *Hafen*
ratusz [ratusch] *Rathaus*
zamek [samek] *Schloss*
pieszo [pjescho] *zu Fuß*
autobusem [autobußem] *mit dem Bus*
tramwajem [tramwajem] *mit der Straßenbahn*
samochodem [ßamohodem] *mit dem Auto*
życzyć [SCHitschitschj] *wünschen*
miłego dnia [miuwego dnja] *einen schönen Tag*

Nun können Sie bei der Touristeninformation Auskünfte zu Ihrem Reiseziel einholen. Hören Sie sich zum Abschluss den gesamten Dialog an.

TR. 49

- ○ Dzień dobry Pani, w czym mogę pomóc?
- ● Dzień dobry, czy ma Pan plan miasta? Chciałabym zwiedzić stare miasto.
- ○ Tak, proszę bardzo. Jesteśmy tutaj, na Rynku Głównym. Może tu Pani zwiedzić Sukiennice i Kościół Mariacki. Zaraz obok jest ulica Floriańska. Stąd jest blisko do Wawelu.
- ● A gdzie jest żydowski Kazimierz?
- ○ To niedaleko od Wawelu, mniej więcej piętnaście minut pieszo.
- ● To świetnie, dziękuję za informację!
- ○ Proszę i życzę Pani miłego dnia!

Abschließend finden Sie hier ein paar Möglichkeiten, wie Sie mit wenigen Bausteinen auf einfache Weise verschiedene Sätze bilden können.

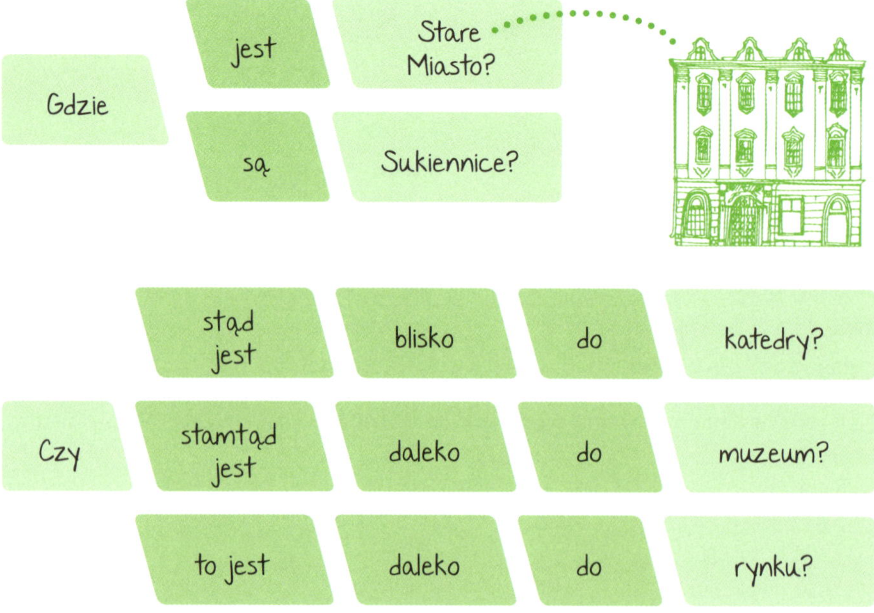

8 GDZIE JEST ULICA SŁOWACKIEGO?

WO IST DIE SŁOWACKI-STRASSE?

Sie lernen in dieser Lektion, nach dem Weg zu fragen und eine Wegbeschreibung zu verstehen. Dabei können Ihnen folgende Wörter weiterhelfen.

gdzie
wo

w lewo
nach links

w prawo
nach rechts

prosto
geradeaus

iść
gehen

jechać
fahren

skręcić
abbiegen

skrzyżowanie
Kreuzung

światła
Ampel

mapa
Straßenkarte

Sie suchen eine bestimmte Straße, wissen aber nicht genau, wie Sie dahinkommen. Daher sprechen Sie einen Passanten an, um nach dem Weg zu fragen.

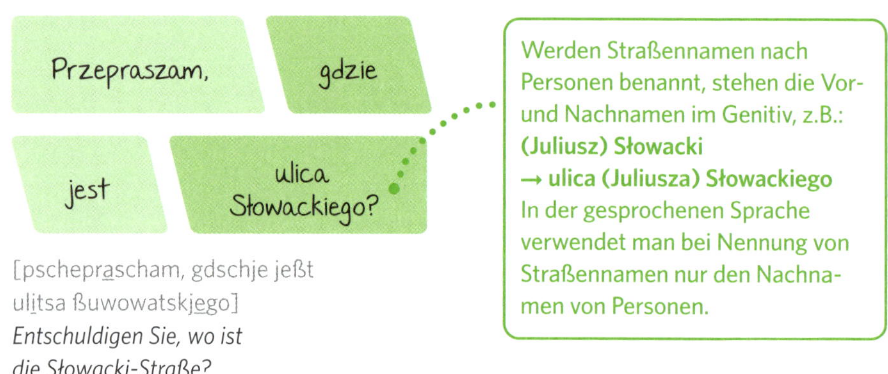

[pschepr<u>a</u>scham, gdschje jeßt ul<u>i</u>tsa ßuwowatskj<u>e</u>go]
Entschuldigen Sie, wo ist die Słowacki-Straße?

Werden Straßennamen nach Personen benannt, stehen die Vor- und Nachnamen im Genitiv, z.B.:
(Juliusz) Słowacki
→ ulica (Juliusza) Słowackiego
In der gesprochenen Sprache verwendet man bei Nennung von Straßennamen nur den Nachnamen von Personen.

Das erste Wort in diesem Satz gehört neben **dziękować** [dschjenk<u>o</u>watschj] *danken* und **prosić** [pr<u>o</u>schjitschj] *bitten* zu den drei besonders oft gebrauchten Worten und kommt vom Verb **przepraszać** [pschepr<u>a</u>schatschj] *entschuldigen*.

Größere Straßen sowie Bildungs- und Kultureinrichtungen werden in Polen häufig nach berühmten Persönlichkeiten, wie z.B. **Juliusz Słowacki** (ein polnischer Dichter). Dabei stehen die Vor- und Nachnamen der Personen im Genitiv, z.B. **ulica Juliusza Słowackiego** [ul<u>i</u>tsa julj<u>u</u>scha ßuwowatskj<u>e</u>go]. In der 7. Lektion haben Sie gelernt, dass die auf **-ska** [ßka] oder **-cka** [tska] endenden Straßennamen Adjektive sind. Im Genitiv bekommen sie folgende Endungen: **-(i)ego** (mask. und neutr.) sowie **-(i)ej** (fem.).

Genitivendungen der Adjektive im Singular
-(i)ego mask. und neutr.
-(i)ej fem.

Jetzt sind Sie dran.

Welche Straßennamen sind richtig? Kreuzen Sie jeweils eine richtige *Adjektivform* an.

1. Jan III *Sobieski* (König)
☐ **A** ulica Jana III *Sobieskiego*
☐ **B** ulica Jana III *Sobieskiej*

2. Maria *Konopnicka* (Schriftstellerin)
☐ **A** plac Marii *Konopnickiego*
☐ **B** plac Marii *Konopnickiej*

3. Krzysztof *Penderecki* (Komponist)
☐ **A** ulica Krzysztofa *Pendereckiego*
☐ **B** ulica Krzysztofa *Pendereckiej*

4. Wisława *Szymborska* (Dichterin)
☐ **A** aleja Wisławy *Szymborskiej*
☐ **B** aleja Wisławy *Szymborskiego*

Lösung
1. A, **2.** B, **3.** A, **4.** A

Der Passant erklärt Ihnen, dass Ihr Ziel sich in der Nähe befindet. Die Wendung **to niedaleko stąd** [to njedaleko ßtont] kennen Sie bereits aus der siebten Lektion:

[to njedaleko ßtont. prosche ischjtschj proßto i na ßkschiSCHowanju ßkrentschjitschj w lewo.]
Das ist nicht weit von hier. Gehen Sie bitte geradeaus und biegen Sie an der Kreuzung links ab.

In der Lektion 4 haben Sie bereits die höfliche Aufforderung **proszę + Infinitiv** gelernt. Neu sind die Infinitive **iść** [ischjtschj] *gehen* und **skręcić** [ßkrentschjitschj] *abbiegen*. Wenn Sie mit einem Fahrrad oder mit einem Auto unterwegs sind, wird statt **iść** das Verb **jechać** [jechatschj] *fahren* verwendet. Die genannten Infinitive werden bei Wegbeschreibungen mit folgenden Richtungsangaben kombiniert:

prosto [proßto]	*geradeaus*
w lewo [w lewo]	*nach links*
w prawo [f prawo]	*nach rechts*

In unserem Beispiel sollen Sie **na skrzyżowaniu** [na ßkschiSCHowanju] *an der Kreuzung* rechts abbiegen. Neben **na** (+ Lok.) können die Präpositionen **do** (+ Gen.) [do] *bis* und **za** (+ Instr.) [sa] *hinter, nach* verwendet werden, z.B. **proszę iść do skrzyżowania** [prosche ischjtschj do ßkschiSCHowanja] *gehen Sie bitte bis zur Kreuzung* und **proszę skręcić za skrzyżowaniem** [prosche ßkrentschjitschj sa ßkschiSCHowanjem] *biegen Sie bitte nach der Kreuzung ab.*

Hier noch weitere Orte, die in einer Wegbeschreibung vorkommen könnten:

dworzec PKP [dwoSCHets pekape] *Bahnhof*
dworzec PKS [dwoSCHets pekaeß] *Omnibusbahnhof*
galeria handlowa [galerja handlowa] *Einkaufszentrum*
postój taksówek [poßtuj takßuwek] *Taxistand*
przystanek autobusowy [pschißtanek autobußowi] *Bushaltestelle*
przystanek tramwajowy [pschißtanek tramwajowi] *Straßenbahnhaltestelle*

Jetzt Sind Sie dran.

Formulieren Sie nun Angaben einer Wegbeschreibung mit Hilfe der Satzbausteine.

1. **do | proszę | prosto | iść | ulicy Bolesława Chrobrego | .**

2. **proszę | w prawo | skręcić | skrzyżowaniem | za | .**

3. **w lewo | skręcić | proszę | na | światłach | .**

4. **na | iść | skrzyżowaniu | proszę | prosto | .**

Lösung
1. Proszę iść prosto do ulicy Bolesława Chrobrego.
2. Proszę skręcić za skrzyżowaniem w prawo.
3. Proszę skręcić na światłach w lewo.
4. Proszę iść na skrzyżowaniu prosto.

Nachdem Ihnen der Weg erklärt wurde, kann es natürlich vorkommen, dass Sie auf Anhieb nicht alles verstanden haben. Das ist nicht weiter schlimm! Entweder Sie bitten Ihr Gegenüber, das Gesagte noch einmal zu wiederholen: **Może Pan(i) powtórzyć?** [moSCHe pan(ji) poftuSCHitschj?] *Können Sie bitte wiederholen?*, oder Sie haken bei der Angabe, die Sie nicht genau verstanden haben, noch einmal nach:

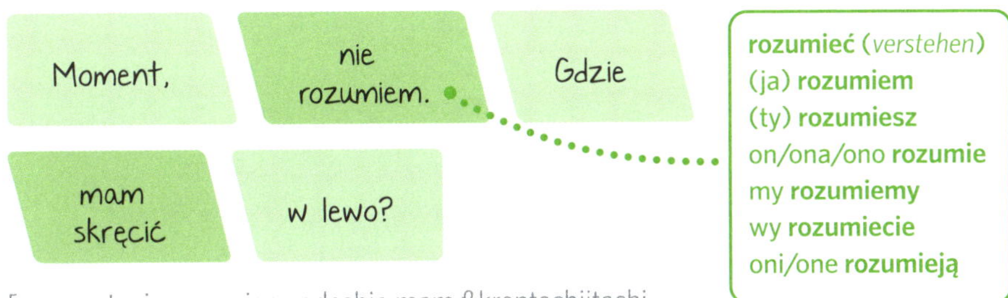

[moment, nje rosumjem. gdschje mam ßkrentschjitschj w lewo?]
Moment, ich verstehe nicht. Wo soll ich nach links abbiegen?

Nun wollen wir die beiden Sätze entschlüsseln und konzentrieren uns dabei auf die Verben: **rozumiem** [rosumjem] *ich verstehe* ist die erste Person Singular von **rozumieć** [rosumjetschj] *verstehen*. Anders als im Deutschen steht die Negation direkt vor dem konjugierten Verb, also **nie rozumiem** [nje rosumjem] *ich verstehe nicht*. Die Konstruktion **mam skręcić** besteht aus der ersten Person des Verbs **mieć** [mjetschj] *haben* und dem Infinitiv **skręcić** [ßkrentschjitschj], was im Deutschen mit *soll ich abbiegen* übersetzt wird.

Jetzt sind Sie dran.

Jetzt üben Sie, Sätze zu verneinen. Bringen Sie die Satzbausteine in die richtige Reihenfolge. Die deutsche Übersetzung kann Ihnen dabei helfen. Sprechen Sie die Sätze danach laut aus.

1. **nie** | **proszę** | **skrzyżowania** | **iść** | **do** | **.** *Gehen Sie bitte nicht zur Kreuzung.*

2. **mam** | **w lewo** | **skręcić** | **nie** | **?** *Soll ich nicht nach links abbiegen?*

3. **nie** | **jechać** | **mam** | **prosto** | **?** *Soll ich nicht geradeaus fahren?*

4. **to** | **czy** | **nie** | **ulica Adama Mickiewicza** | **jest** | **?** *Ist das nicht die Adam-Mickiewicz-Straße?*

Lösung
1. Proszę nie iść do skrzyżowania.
2. Nie mam skręcić w lewo?
3. Nie mam jechać prosto?
4. Czy to nie jest ulica Adama Mickiewicza?

Der Passant erklärt auf Ihre Nachfrage erneut, welchen Weg Sie an der Kreuzung einschlagen sollen:

[prosche ßkrentschjitschj w lewo na ßkschiSCHowanju.]
Biegen Sie bitte auf der Kreuzung nach links.

Leider verstehen Sie **na skrzyżowaniu** [na ßkschiSCHowanju] *an der Kreuzung* nicht, sodass Sie den Passanten darum bitten, es Ihnen auf einer Straßenkarte zu zeigen.

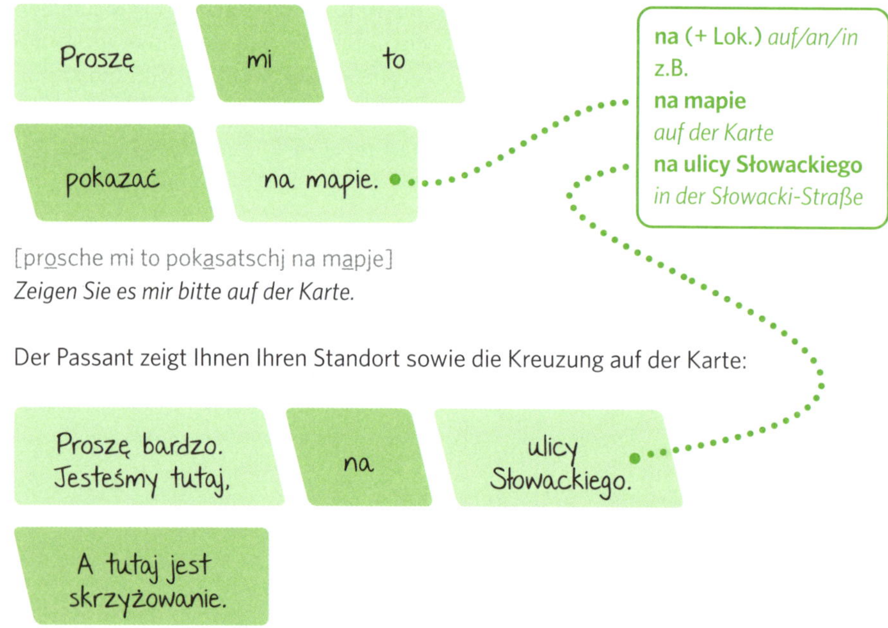

[prosche mi to pokasatschj na mapje]
Zeigen Sie es mir bitte auf der Karte.

Der Passant zeigt Ihnen Ihren Standort sowie die Kreuzung auf der Karte:

[prosche bardso. jeßteschjmi tutaj, na ulitsi adama mitskjewitscha. a tutaj jeßt ßkschiSCHowanje]
Bitte sehr. Wir sind hier, in der Adam-Mickiewicz-Straße. Und hier ist die Kreuzung.

Die ersten vier Wörter kennen Sie noch aus der siebten Lektion. Dann folgt die Nennung der Straße, in der Sie sich befinden. Dabei steht das Wort **ulica** [ulitsa] *Straße* im Lokativ, weil davor die Präposition **na** [na] *auf/an/in* steht, nach der Substantive im

Lokativ stehen. Der Passant sagt daher **na ulicy Słowackiego** [na ulitsi suwowatskjego] *in der Słowacki-Straße*. Der Straßenname verändert seine Form nicht. Zum Schluss wird die *Kreuzung* **skrzyżowanie** [ßkschiSCHowanje] genannt. Dank der Nachfrage haben Sie die Wegbeschreibung nun komplett verstanden:

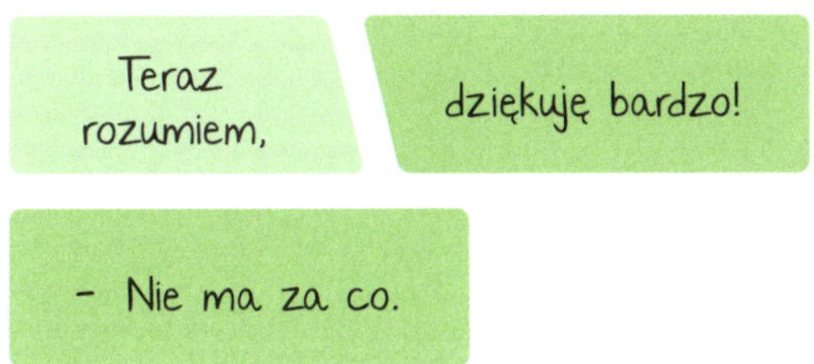

-[teraß rosumjem, DSCHjenkuje bardso! - nje ma sa tso.]
Jetzt verstehe ich, vielen Dank! – Nichts zu danken.

Sie bedanken sich anschließend für die Auskunft, worauf Ihr Dialogpartner mit **nie ma za co** antwortet. Dies ist eine andere Möglichkeit, *bitte* oder *nichts zu danken* zu sagen.

Jetzt sind Sie dran.

Gibt es Vokabeln, die Sie sich einfach nicht merken können? Schreiben Sie diese Vokabeln auf ein großes Blatt Papier und hängen Sie dieses „Vokabelposter" an einer Stelle auf, an die Sie oft schauen müssen, z.B. auf Ihren Kühlschrank oder auf dem Armaturenbrett im Auto. Mit der Zeit werden Sie es so schaffen, sich auch diese „widerspenstigen" Vokabeln einzuprägen.

TR. 50

gdzie [gdSCHje] — *wo*
ulica [ulitsa] — *Straße*
dziękować [dSCHjenkowatschj] — *danken*
prosić [proschjitschj] — *bitten*
przepraszać [pschepraschatschj] — *entschuldigen*

TR. 51

niedaleko [njedaleko] — *nicht weit*
stąd [ßtont] — *von hier aus*
iść [ischjtschj] — *gehen*

jechać [jechatschj]	*fahren*
skręcić [ßkrentschjitschj]	*abbiegen*
prosto [proßto]	*geradeaus*
w lewo [w lewo]	*nach links*
w prawo [f prawo]	*nach rechts*
skrzyżowanie [ßkschiSCHowanje]	*Kreuzung*
światła (Pl.) [schjwjatuwa]	*Ampel*
za [sa]	*hinter*
do [do]	*bis zu*

TR. 52

dworzec PKP [dwoSCHets pekape]	*Bahnhof*
dworzec PKS [dwoSCHets pekaeß]	*Omnibusbahnhof*
galeria handlowa [galerja handlowa]	*Einkaufszentrum*
postój taksówek [poßtuj takßuwek]	*Taxistand*
przystanek autobusowy [pschißtanek autobußowi]	*Bushaltestelle*
przystanek tramwajowy [pschißtanek tramwajowi]	*Straßenbahnhaltestelle*

TR. 53

powtórzyć [poftuSCHitschj]	*wiederholen*
moment [moment]	*Moment*
rozumieć [rosumjetschj]	*verstehen*
mam skręcić [mam ßkrentschjitschj]	*ich soll abbiegen*
pokazać [pokasatschj]	*zeigen*
mapa [mapa]	*Karte*
na mapie [na mapje]	*auf der Karte*
teraz [teraß]	*jetzt*
nie ma za co [nje ma sa tso]	*nichts zu danken*

Nun können Sie nach dem Weg fragen. Hören Sie sich zum Abschluss den gesamten Dialog an.

TR. 54

- ○ Przepraszam, gdzie jest ulica Słowackiego?
- ● To niedaleko stąd. Proszę iść prosto i na skrzyżowaniu skręcić w lewo.
- ○ Moment, nie rozumiem. Gdzie mam skręcić w lewo?
- ● Proszę skręcić w lewo na skrzyżowaniu.
- ○ Proszę mi to pokazać na mapie.
- ● Proszę bardzo. Jesteśmy tutaj, na ulicy Słowackiego. A tutaj jest skrzyżowanie.
- ○ Teraz rozumiem, dziękuję bardzo!
- ● Nie ma za co.

Abschließend finden Sie hier ein paar Möglichkeiten, wie Sie mit wenigen Bausteinen auf einfache Weise verschiedene Sätze bilden können.

9 W GALERII HANDLOWEJ

IN EINEM EINKAUFSZENTRUM

Sie besuchen ein Einkaufszentrum, denn Sie wollen Souvenirs aus Polen kaufen und zum Friseur gehen. Damit Sie sich in einem polnischen Einkaufszentrum zurechtfinden können, lernen Sie in dieser Lektion die passenden Ausdrücke und Wendungen. Dabei könnten Ihnen folgende Wörter, die Sie bereits kennen oder erschließen können, eine Hilfe sein.

Sie erkundigen sich an der Information nach einem Souvenirladen, denn Sie wollen für Ihre Familie Souvenirs aus Polen kaufen:

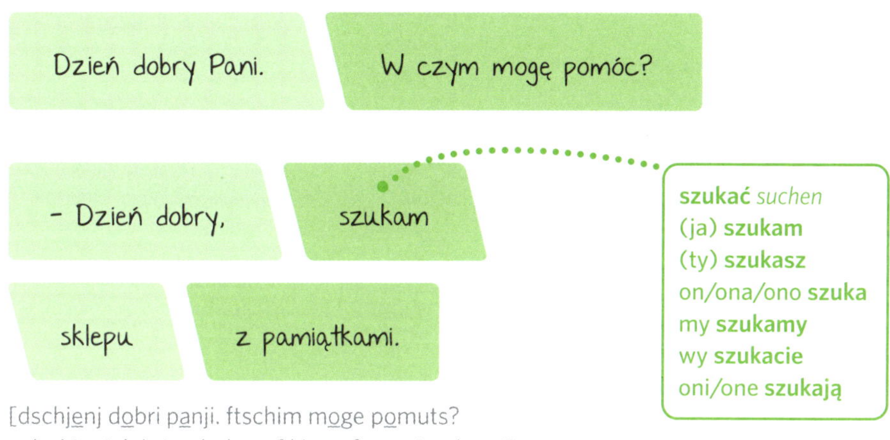

[dschjenj dobri panji. ftschim moge pomuts?
- dschjenj dobri, schukam ßklepu ß pamiontkami]
Guten Tag, die Dame. Kann ich Ihnen helfen?
- Guten Tag, ich suche einen Souvenirladen.

Der erste Satz kommt Ihnen wahrscheinlich bekannt vor. In der Lektion 4 begrüßte Sie eine Rezeptionistin im Hotel auf ähnliche Weise.

Sie sagen, dass Sie einen *Souvenirladen* **sklep z pamiątkami** [ßklep ß pamiontkami] suchen. Sie könnten aber vielleicht auch folgende Geschäfte suchen:

apteka [apteka] *Apotheke*
delikatesy (Pl.) [delikateßi] *Feinkostladen*
drogeria [drogerja] *Drogerie*
księgarnia [kschjengarnja] *Buchhandlung*
kwiaciarnia [kfjatschjarnja] *Blumengeschäft*
sklep spożywczy [ßklep ßpoSCHiftschi] *Lebensmittelgeschäft*
sklep elektroniczny [ßklep elektronitschni] *Elektrofachgeschäft*
sklep sportowy [ßklep ßportowi] *Sportgeschäft*
sklep obuwniczy [ßklep obuwnitschi] *Schuhgeschäft*
sklep z zabawkami [ßklep s sabafkami] *Spielwarengeschäft*

Nach dem Verb *suchen* **szukać** [schu-katschj] stehen die Substantive (und Adjektive) im Genitiv: Aus **sklep** wird **sklepu** [ßklepu].
Die Substantivendungen im Genitiv Singular haben Sie bereits in der 7. Lektion kennen gelernt.

Substantivendungen im Gen. Sg.
-u → die meisten unbelebten Maskulina
-a → alle belebten, einige unbelebte Maskulina und alle Neutra
-y oder **-i** → alle Feminina

Jetzt sind Sie dran.

Versuchen Sie die richtigen Genitivformen zuzuordnen.

1. Szukam...
- ☐ **A** sklep z zabawkami.
- ☐ **B** sklepu z zabawkami.
- ☐ **C** sklepami z zabawkami.

2. Przepraszam, szukam...
- ☐ **A** apteka.
- ☐ **B** apteką.
- ☐ **C** apteki.

3. Szukamy...
- ☐ **A** księgarnia.
- ☐ **B** księgarnią.
- ☐ **C** księgarni.

4. Przepraszam, szukamy...
- ☐ **A** drogeria.
- ☐ **B** drogerii.
- ☐ **C** drogerią.

Lösung
1. B, **2.** C, **3.** C, **4.** B

In unserem Satz **Szukam sklepu z pamiątkami**. *Ich suche einen Souvenirladen* kommen gleich zwei Fälle zusammen. Erstens der Genitiv: **sklepu** [ßklepu] ist die Genitivform von **sklep** [ßklep] *Geschäft* oder *Laden*. Zweitens der Instrumental: **pamiątkami** [pamiontkami] ist die Instrumentalform von **pamiątki** [pamiontki] *Souvenirs*.

Nach der Präposition **z** [s] *mit* wird der Instrumental verwendet. Aus **pamiątki** [pamiontki] werden **pamiątkami** [pamiontkami], denn im Plural bekommen alle Substantive im Instrumental die Endung **-ami**. Maskulina und Neutra im Singular bekommen die Endung **-(i)em**; Feminina hingegen die Endung **-ą**.

z + Instr. *mit*
z.B.
sklep z pamiątkami

z + Gen. *aus*
z.B.
pamiątki z Polski

Ihnen wird nun erklärt, wo der Souvenirladen ist:

[wiDSCHji panji ßklep s sabawkami plejlant? Saraß obok tego ßklepu jeßt ßklep ß pamiontkami]
Sehen Sie den Spielwarenladen „Playland"? Gleich neben diesem Laden ist der Souvenirladen.

Sie werden erst gefragt, ob Sie den Spielwarenladen „Playland" sehen: **Widzi Pani...?** [wiDSCHji panji] *Sehen Sie ...?* ist die höfliche Imperativform gebildet vom Verb **widzieć** [wiDSCHjetsch] *sehen*. Sie könnten die Frage mit **Tak, widzę** [tak, widse] *Ja, ich sehe (es)* bestätigen oder verneinen **Nie, nie widzę** [nje, nje widse] *Nein, ich sehe (es) nicht*.
Als nächstes wird Ihnen gesagt, dass der Souvenirladen *gleich neben* **zaraz obok** [saraß obok] dem zuvor genannten Spielwarenladen ist. Um die Wiederholung zu vermeiden, wird **zaraz obok tego sklepu** [saraß obok tego ßklepu] *gleich neben diesem Laden* statt **zaraz obok sklepu z zabawkami** [saraß obok ßklepu s sabawkami] *gleich neben dem Spielwarenladen* gesagt.

Sie bedanken sich für die Erklärung und fragen nach dem Friseur:

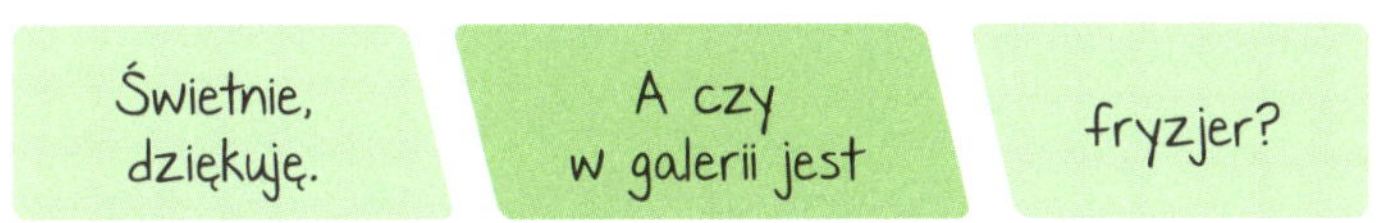

[schjwjetnje dschjenkuje. A tschi w galerji jeßt frisjer?]
Ausgezeichnet, danke. Und gibt es einen Friseur in der Galerie?

Folgende Vokabeln sollten Sie kennen, falls Sie weitere Dienst- und Serviceleistungen suchen sollten:

bankomat [bankomat] *Geldautomat*
jubiler [jubiler] *Juwelier*
optyk [optik] *Optiker*
szewc [schefts] *Schuhmacher*

toalety (Pl.) [toaleti] *Toiletten*
zegarmistrz [segarmißtsch] *Uhrmacher*

Und jetzt sind Sie dran.

Fragen Sie an der Information, wo folgende Geschäfte und Dienst- bzw. Serviceleistungen zu finden sind. Bilden Sie Fragen mit **gdzie**. Achten Sie bei der Wahl der Verbform darauf, ob das Gesuchte im Singular oder im Plural steht.

1. Optiker

Przepraszam, gdzie jest optyk?

2. Geldautomat

?

3. Toiletten (Plural)

?

4. Elektrofachgeschäft

?

Lösung
2. Przepraszam, gdzie jest bankomat?
3. Przepraszam, gdzie są toalety?
4. Przepraszam, gdzie jest sklep elektroniczny?

Sie erfahren, wo sich der Friseur befindet.

Tak, | salon fryzjerski | jest na drugim piętrze, | zaraz obok windy. | Ale dzisiaj jest niestety nieczynny.

na (+ Lok.) *in*
z.B.
na drugim piętrze
im zweiten Stock

[tak, ßalon frisjerßki jeßt na drugim pjentsche, saraß obok windi. ale dSCHischjaj jeßt njeßteti njetschinni]
Ja, der Friseursalon ist im zweiten Stock, gleich neben dem Aufzug. Aber heute ist er leider geschlossen.

Statt **fryzjer** [frisjer] *Friseur* können Sie auch **salon fryzjerski** [ßalon frisjerßki] *Friseursalon* sagen – die Bedeutung ist gleich. Leider ist der Friseursalon in der Galerie heute *geschlossen* **nieczynny** [njetschinni] – diese Vokabel kennen Sie vielleicht noch aus der Lektion 5. Deswegen stellen Sie gleich noch eine weitere Frage:

O, szkoda. | A czy jest w pobliżu | jakiś fryzjer?

[o, schkoda. A tschi jeßt f pobliSCHu jakischj frisjer?]
Oh, schade. Und ist in der Nähe irgendein Friseur?

In der Frage **A czy jest jakiś fryzjer w pobliżu?** [A tschi jeßt jakischj frisjer f pobliSCHu?] *Und ist irgendein Friseur in der Nähe?* wird das Indefinitpronomen **jakiś** [jakischj] *irgendein* verwendet, das eine unbestimmte Person oder Sache bezeichnet und nach Geschlecht dekliniert wird: Die maskuline Form lautet **jakiś** [jakjschj] *irgendein*, die feminine **jakaś** [jakaschj] *irgendeine*. Die neutrale Form sowie die Form im Plural (ausgenommen männliche Personen) lautet **jakieś** [jakjeschj] *irgendein bzw. irgendwelche*.

Jetzt sind Sie dran.

Ergänzen Sie die Lücken mit dem passenden Indefinitpronomen.

jakiś | **jakieś** | **jakaś**

1. Czy w pobliżu jest _______ drogeria?

2. Czy w galerii jest _______ optyk?

3. Czy na rynku są _______ toalety?

4. Czy obok hotelu jest _______ apteka?

5. Czy jest tutaj _______ bankomat?

Lösung
1. jakaś, **2.** jakiś, **3.** jakieś, **4.** jakaś, **5.** jakiś

Sie erfahren abschließend, wo sich der nächste Friseursalon befindet:

Tak, | zaraz obok galerii | jest | salon fryzjerski NOWA.

- Dziękuję.

[tak, saraß obok galerji jeßt ßalon frisjerßki nowa. DSCHjenkuje]
Ja, gleich neben der Galerie ist der Friseursalon NOWA. – Danke.

Jetzt Sind Sie dran.

Bilden Sie nun selbst die Sätze, die Sie bisher gelernt haben.

1. szukam | elektronicznego | Przepraszam, | sklepu | .
2. w | Czy | jest | galerii | optyk | ?
3. gdzie | Przepraszam, | toalety | są | ?
4. obok | jest | hotelu | Czy | bankomat | ?
5. jakaś | w | apteka | tutaj | pobliżu | jest | Czy | ?
6. salonu | Przepraszam, | szukam | fryzjerskiego | .

Lösung
1. Przepraszam, szukam sklepu elektronicznego.
2. Czy w galerii jest optyk?
3. Przepraszam, gdzie są toalety?
4. Czy obok hotelu jest bankomat?
5. Czy jest tutaj jakaś apteka w pobliżu?
6. Przepraszam, szukam salonu fryzjerskiego.

Jetzt sind Sie dran.

Hier finden Sie alle Wörter der Lektion. Nachdem Sie die Wörter in einem ersten Durchgang der Reihenfolge nach gelernt haben, ändern Sie beim nächsten Durchgang doch einmal die Reihenfolge, zum Beispiel von unten nach oben oder springen Sie zwischen den einzelnen Wörtern hin und her.

TR. 55

szukać [schukatschj]	*suchen*
apteka [apteka]	*Apotheke*
delikatesy (Pl.) [delikateßi]	*Feinkostladen*
drogeria [drogerja]	*Drogerie*
księgarnia [kschjengarnja]	*Buchhandlung*
kwiaciarnia [kfjatschjarnja]	*Blumengeschäft*
sklep spożywczy [ßklep ßpoSCHiftschi]	*Lebensmittelgeschäft*
sklep elektroniczny [ßklep elektronitschni]	*Elektrofachgeschäft*
sklep sportowy [ßklep ßportowi]	*Sportgeschäft*
sklep obuwniczy [ßklep obuwnitschi]	*Schuhgeschäft*
sklep z zabawkami [ßklep s sabafkami]	*Spielwarengeschäft*

TR. 56

widzieć [wiDSCHjetsch]	*sehen*
zaraz obok [saraß obok]	*gleich nebenan*
świetnie [schjwjetnje]	*ausgezeichnet*
fryzjer [frisjer]	*Friseur*
bankomat [bankomat]	*Geldautomat*
jubiler [jubiler]	*Juwelier*
optyk [optik]	*Optiker*
szewc [schefts]	*Schuhmacher*
toalety (Pl.) [toaleti]	*Toiletten*
zegarmistrz [segarmißtsch]	*Uhrmacher*

TR. 57

salon fryzjerski [ßalon frisjerßki]	*Friseursalon*
piętro [pjentro]	*Stockwerk*
winda [winda]	*Aufzug*
dzisiaj [dSCHischjaj]	*heute*
nieczynny [njetschinni]	*geschlossen*
szkoda [schkoda]	*schade*
jakiś [jakischj]	*irgendein(e)*
w pobliżu [f pobliSCHu]	*in der Nähe*

Mit dem Wortschatz dieser Lektion kommen Sie in einem polnischen Einkaufszentrum gut zurecht. Hören Sie sich zum Abschluss den gesamten Dialog an.

TR. 58

- ○ Dzień dobry Pani, w czym mogę pomóc?
- ● Dzień dobry, szukam sklepu z pamiątkami.
- ○ Widzi Pani sklep z zabawkami „Playland"? Zaraz obok tego sklepu jest sklep z pamiątkami.
- ● Świetnie, dziękuję. A czy w galerii jest fryzjer?
- ○ Tak, salon fryzjerski jest na drugim piętrze, zaraz obok windy. Ale dzisiaj jest niestety nieczynny.
- ● O, szkoda. A czy jest w pobliżu jakiś fryzjer?
- ○ Tak, zaraz obok galerii jest salon fryzjerski NOWA.
- ● Dziękuję.

Abschließend finden Sie hier ein paar Möglichkeiten, wie Sie mit wenigen Bausteinen auf einfache Weise verschiedene Sätze bilden können.

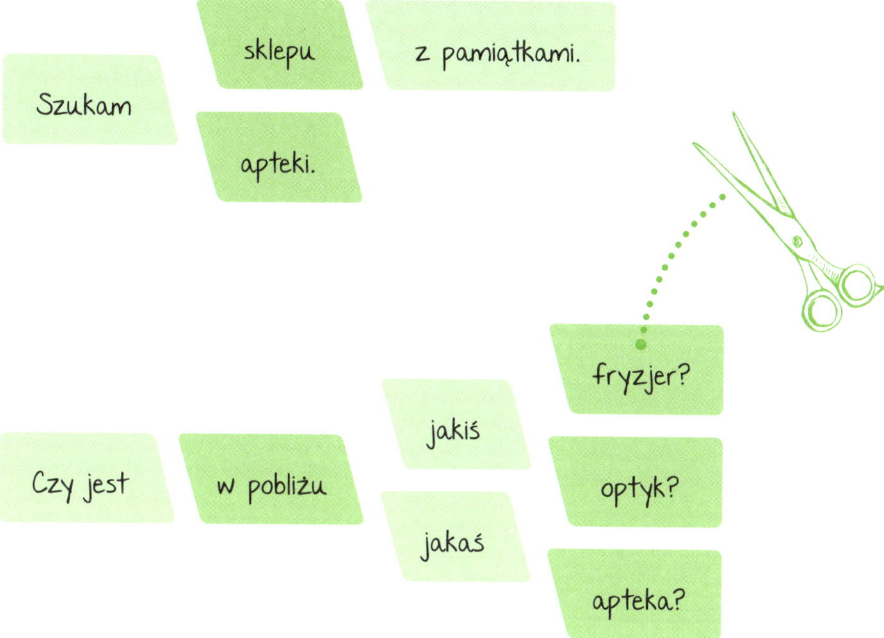

10 W BUTIKU

IN EINER BOUTIQUE

Auf dem Weg zum Souvenirladen entdecken Sie eine hübsche Bluse im Schaufenster. In dieser Lektion lernen Sie alle passenden Ausdrücke und Wendungen, um problemlos Kleidung kaufen zu können. Dabei können Ihnen folgende Wörter, die Sie bereits kennen oder erschließen können, eine Hilfe sein.

- bluzka – *Bluse*
- krawat – *Krawatte*
- dżinsy – *Jeans*
- za mały – *zu klein*
- za duży – *zu groß*
- kolor – *Farbe*
- niebieski – *blau*
- przymierzyć – *anprobieren*
- rozmiar – *Größe*
- przymierzalnia – *Anprobekabine*

Sie betreten eine Boutique, denn Sie haben eine Bluse im Schaufenster entdeckt, die Ihnen sehr gefällt:

[dschjenj dobri. ta bluska na wißtawje bardso mi schje podoba. moge jom pschimjeSCHitschj?]
Guten Tag. Diese Bluse im Schaufenster gefällt mir sehr gut. Kann ich sie anprobieren?

Um Gefallen auszudrücken, wird das reflexive Verb **podobać się** [podobatschj schje] verwendet. Das Reflexivpronomen **się** [schje] *sich* wird im Polnischen nicht dekliniert und verändert daher seine Form nicht. Vor die Bezeichnung des Kleidungsstückes, das Ihnen gefällt, wird das Demonstrativpronomen **ten** [ten] *dieser*, **to** [to] *dieses* oder **ta** [ta] *diese* gesetzt.

Folgende Kleidungsstücke können Sie *im Schaufenster* **na wystawie** [na wißtawje] sehen:

Demonstrativpronomen im Nom. (Sg. und Pl.)

ten (mask. Sg.)
to (neutr. Sg.)
ta (fem. Sg.)
te (mask., neutr. und fem. im Pl. ausgenommen männliche Personen)

dżinsy (Pl.) [DSCHinßi]	*Jeans*
garnitur [garnitur]	*Anzug*
koszula [koschula]	*Hemd*
koszulka [koschulka]	*T-Shirt*
kurtka [kurtka]	*Jacke*
marynarka [marinarka]	*Sakko*
płaszcz [puwaschtsch]	*Mantel*
spodnie (Pl.) [ßpodnje]	*Hose*
spódnica [ßpudnitsa]	*Rock*
sukienka [ßukjenka]	*Kleid*
sweter [ßweter]	*Pullover*

Einige Substantive im Polnischen sind ausschließlich und anders als im Deutschen nur im Plural gebräuchlich, z.B. **spodnie** [ßpodnje] *Hose*, **dżinsy** [DSCHinßi] *Jeans* und **okulary** [okulari] *Brille*.

Und jetzt sind Sie dran.

Bilden Sie Sätze nach dem folgenden Muster. Achten Sie auf die passende Form (Singular oder Plural) von **podobać się**.

1. Jacke

Ta kurtka na wystawie bardzo mi się podoba.

2. Hemd

.

3. Hose

.

4. Jeans

.

5. Pullover

.

Lösung

2. Ta koszula na wystawie bardzo mi się podoba.

3. Te spodnie na wystawie bardzo mi się podobają.

4. Te dżinsy na wystawie bardzo mi się podobają.

5. Ten sweter na wystawie bardzo mi się podoba.

In unseren Beispielsätzen ist die Wortfolge immer dieselbe und das Subjekt, z.B. **ta koszula** [ta koschula] *dieses Hemd* steht immer an erster Stelle gefolgt von einem Attribut **na wystawie** [na wystawje] *im Schaufenster*. Das muss nicht immer so sein. Das Polnische kennt keinen Satzrahmen, sodass die Stellung der einzelnen Satzglieder in einem Satz relativ frei ist. Statt **Ta koszula na wystawie bardzo mi się podoba.** [ta koschula na wißtawje bardso mi schje podoba.] könnten Sie auch sagen **Bardzo podoba mi się ta koszula na wystawie** oder **Podoba mi się bardzo ta koszula na wystawie.**

Jetzt sind Sie dran.

Verändern Sie die Wortfolge im Satz und schreiben Sie jeweils zwei Alternativen zu den angegebenen Sätzen wie im Beispiel.

1. Ta koszula na wystawie bardzo mi się podoba.

Bardzo podoba mi się ta koszula na wystawie.

Podoba mi się bardzo ta koszula na wystawie.

2. Te spodnie na wystawie bardzo mi się podobają.

.

.

3. Te dżinsy bardzo mi się podobają.

.

.

4. Twój sweter bardzo mi się podoba.

.

.

Lösung

2. Bardzo podobają mi się te spodnie na wystawie.
Podobają mi się bardzo te spodnie na wystawie.
3. Bardzo podobają mi się te dżinsy.
Podobają mi się bardzo te dżinsy.
4. Bardzo podoba mi się ten sweter.
Podoba mi się bardzo ten sweter.

Nachdem Sie Ihr Gefallen zum Ausdruck gebracht haben, fragen Sie die Verkäuferin, ob Sie die Bluse anprobieren können. Um eine Dopplung zu vermeiden, wird in dem Satz **Mogę ją przymierzyć?** [moge jom pschimjeSCHitschj?] *Kann ich sie anprobieren?* das Personalpronomen im Akkusativ sie **ją** [jom] statt *diese Bluse* **tę bluzkę** [te bluske] verwendet.

Demonstrativ- und Personalpronomen im Nominativ
Ten płaszcz mi się podoba. → **On** mi się podoba. (Mask. Sg.)
Ta bluzka mi się podoba. → **Ona** mi się podoba. (Fem. Sg.)
Te spodnie mi się podobają. → **One** mi się podobają. (Pl.)

Demonstrativ- und Personalpronomen im Akkusativ
Mogę przymierzyć **ten** płaszcz? → Mogę **go** przymierzyć? (Mask. Sg.)
Mogę przymierzyć **tę** bluzkę? → Mogę **ją** przymierzyć? (Fem. Sg.)
Mogę przymierzyć **te** spodnie? → Mogę **je** przymierzyć? (Pl.)

Jetzt sind Sie dran.

Versuchen Sie die Fragen mit den passenden Personalpronomen im Akkusativ zuzuordnen.

1. Ta koszula bardzo mi się podoba.
☐ **A** Mogę go przymierzyć?
☐ **B** Mogę ją przymierzyć?

2. Bardzo mi się podobają te spodnie.
☐ **A** Mogę ją przymierzyć?
☐ **B** Mogę je przymierzyć?

3. Podobają mi się bardzo te dżinsy.
☐ **A** Mogę je przymierzyć?
☐ **B** Mogę go przymierzyć?

4. Bardzo podoba mi się ten sweter.
☐ **A** Mogę go przymierzyć?
☐ **B** Mogę ją przymierzyć?

Lösung
1. B, **2.** B, **3.** A, **4.** A

Sie werden gefragt, welche Größe Sie tragen:

Jaki rozmiar | Pani | nosi?

– Noszę rozmiar 38.

nosić *tragen*
(ja) **noszę**
(ty) **nosisz**
on/ona/ono **nosi**
my **nosimy**
wy **nosicie**
oni/one **noszą**

[jaki rosmjar pani noschji? nosche rosmjar tschiDSCHjeschjtschji oschjem]
Welche Größe tragen Sie? – Ich trage Größe 38.

Eine andere Bezeichnung für **rozmiar 38** [rosmjar tschiDSCHjeschjtschji oschjem] wäre **emka** [emka] *Größe M* daher könnten Sie auch Folgendes sagen: **Noszę emkę / rozmiar M.** [nosche emke / rosmjar em.] *Größe S* heißt auf Polnisch **eska / rozmiar S** [eßka / rosmjar eß]. *Größe L* heißt **elka / rozmiar L** [elka / rosmjar L].

Leider gibt es die Bluse nicht in Ihrer Größe:

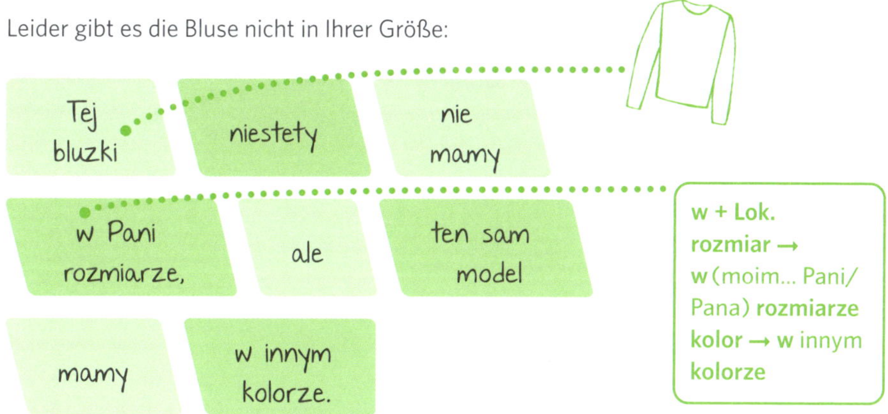

[tej blußki njeßteti nje mami f panji rosmjaSCHe, ale ten ßam model mami w innim koloSCHe.]
Diese Bluse haben wir leider nicht in Ihrer Größe, aber dasselbe Modell haben wir in einer anderen Farbe.

Es gibt die gleiche Bluse *in einer anderen Farbe* **w innym kolorze** [w innim koloSCHe] und Sie fragen gleich nach der Farbe:

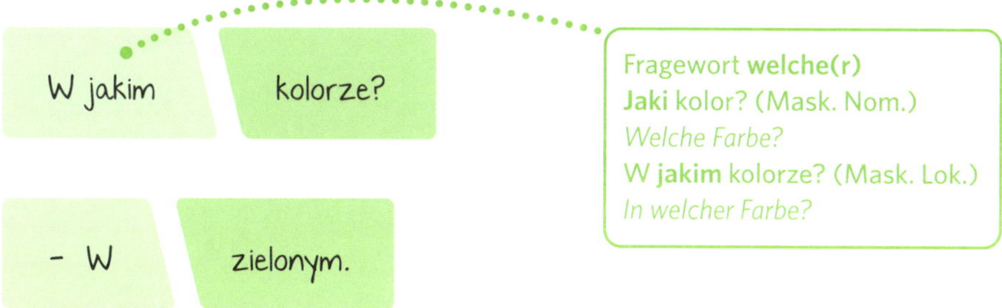

[w jakim koloSCHe? - W SCHjelonim.]
In welcher Farbe? - In Grün.

Ihnen wird gesagt, dass es die Bluse in Grün gibt. Die Farbe *Grün* heißt auf Polnisch **zielony** [SCHjelọni].
In unserem Beispielsatz sehen Sie die Lokativform **zielonym** [SCHjelọnim], da davor die Präposition **w** [w] *in* steht.

Nachfolgend sehen Sie die Bezeichnungen der wichtigsten Farben (im Nominativ):

biały [bjauwi]	*weiß*
brązowy [bronsowi]	*braun*
czarny [tscharni]	*schwarz*
czerwony [tscherwoni]	*rot*
fioletowy [fjoletowi]	*lila*
niebieski [njebjeßki]	*blau*
różowy [ruSCHowi]	*pink, rosa*
zielony [SCHjeloni]	*grün*
żółty [SCHuwti]	*gelb*

Und jetzt sind Sie dran.

Ordnen Sie die Übersetzungen richtig zu.

1. czerwone spodnie	___ **A** ein grünes Hemd
2. biała sukienka	___ **B** ein schwarzes T-Shirt
3. czarna koszulka	___ **C** eine blaue Jeans
4. niebieskie dżinsy	___ **D** eine gelbe Jacke
5. żółta kurtka	___ **E** eine rote Hose
6. zielona koszula	___ **F** ein weißes Kleid

Lösung
1. E, **2.** F, **3.** B, **4.** C, **5.** D, **6.** A

Sie sagen der Verkäuferin, dass Sie die grüne Farbe nicht mögen und sie zeigt Ihnen gleich noch eine andere Bluse:

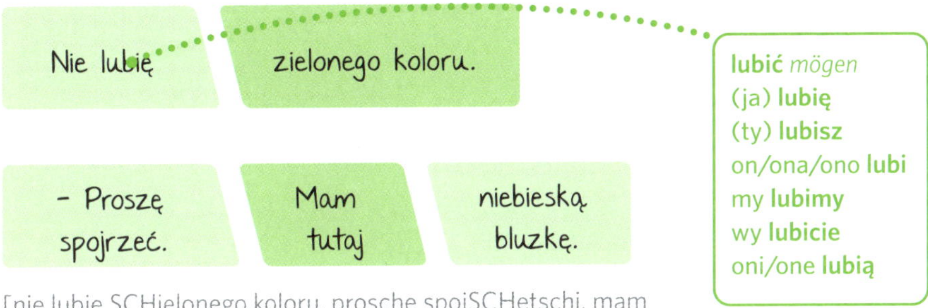

lubić *mögen*
(ja) **lubię**
(ty) **lubisz**
on/ona/ono **lubi**
my **lubimy**
wy **lubicie**
oni/one **lubią**

[nje lubie SCHjelonego koloru. prosche spojSCHetschj. mam tutaj njebießkom blußke]
Ich mag kein Grün. - Schauen Sie. Ich habe hier eine blaue Bluse.

Und jetzt sind Sie dran.

Widmen wir uns der Aussprache, und zwar den doppelten Konsonanten. Diese werden anders als im Deutschen doppelt und nicht einmal ausgesprochen. Sprechen Sie folgende Wörter und Namen von Geschäften mehrmals aus. Probieren Sie dabei die Sprechweise und variieren, einmal langsam, dann schnell, leise und abschließend laut.

1. „Inna" [in-na]
2. „Libretto" [libret-to]
3. „Mokka" [mok-ka]
4. „Budda" [bud-da]
5. „Passa" [paß-ßa]
6. „Organellum" [organel-lum]

Sie möchten die Bluse anprobieren und die Verkäuferin sagt Ihnen, wo die Anprobekabine ist:

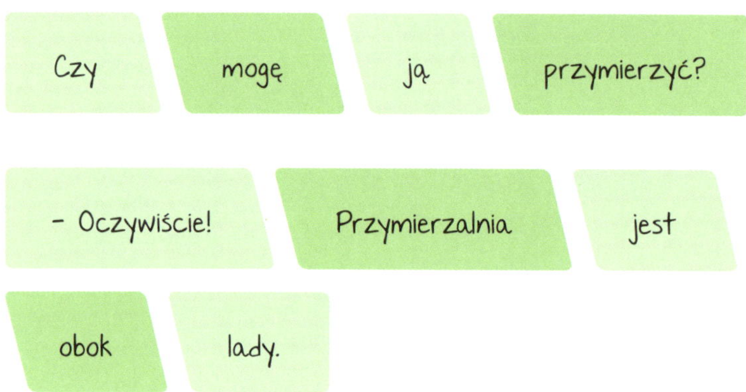

[tschi moge jom pschimjeSCHitschj? - otschiwischjtschje! pschimjeSCHalnja jeßt obok ladi.]
Kann ich sie anprobieren? - Selbstverständlich! Die Anprobekabine ist neben dem Tresen.

Sie werden gefragt, wie Ihnen die Bluse passt:

[i jak? paßuje na panjom ta blußka? – tak, paßuje idealnje!]
Und? Passt Ihnen diese Bluse? – Ja, sie passt perfekt!

Wenn Ihnen ein Kleidungsstück passt, können Sie sagen **To pasuje.** [to paßuje] *Das passt.* Statt **to** [to] *das* können Sie das Kleidungsstück nennen, z.B. **Ta bluzka pasuje.** [ta blußka paßuje] *Diese Bluse passt.* Wenn etwas gut passt, erweitern Sie den Satz entsprechend: **Ta bluzka pasuje idealnie.** [ta blußka paßuje idealnje.] *Diese Bluse passt perfekt.* Wenn etwas nicht passt, sagen Sie **To nie pasuje.** [to nje paßuje] *Das passt nicht.* Um die Aussage zu präzisieren, können Sie Folgendes sagen:

za duży [sa duSCHi]	*zu groß*	**za długi** [sa duwgi]	*zu lang*
za mały [sa mauwi]	*zu klein*	**za szeroki** [sa scheroki]	*zu breit*
za krótki [sa krutki]	*zu kurz*	**za wąski** [sa wonßki]	*zu eng*

Und jetzt sind Sie dran.

Formulieren Sie folgende Sätze mithilfe der Satzbausteine auf Polnisch.

1. **ta** | **za** | **spódnica** | **jest** | **szeroka** | **.** *Dieser Rock ist zu weit.*

2. **spodnie** | **są** | **te** | **za** | **krótkie** | **.** *Diese Hose ist zu kurz.*

3. **wąska** | **ta** | **koszula** | **jest** | **za** | **.** *Dieses Hemd ist zu eng.*

4. **za** | **ta** | **jest** | **mała** | **kurtka** | **.** *Diese Jacke ist zu klein.*

Lösung
1. Ta spódnica jest za szeroka.
2. Te spodnie są za krótkie.
3. Ta koszula jest za wąska.
4. Ta kurtka jest za mała.

Die Verkäuferin freut sich sehr darüber, dass Ihnen die Bluse passt:

Bardzo się cieszę!

[bardso schje tschjesche!]
Ich freue mich sehr!

cieszyć się *sich freuen*
(ja) **cieszę się**
(ty) **cieszysz się**
on/ona/ono **cieszy się**
my **cieszymy się**
wy **cieszycie się**
oni/one **cieszą się**

Jetzt sind Sie dran.

Führen Sie ab und an Selbstgespräche auf Polnisch, bei denen Sie bestimmte Gesprächsszenarien durchspielen, z. B. Einkaufen in einer Boutique. So verlieren Sie Ihre Scheu vor dem Sprechen oder merken ganz schnell, welche Formulierungen Ihnen vielleicht noch fehlen.

TR. 59

wystawa [wißtawa] — hier: *Schaufenster*
podobać się [podobatschj schje] — *gefallen*
przymierzyć [pschimjeSCHitschj] — *anprobieren*
garnitur [garnitur] — *Anzug*
koszula [koschula] — *Hemd*
koszulka [koschulka] — *T-Shirt*
kurtka [kurtka] — *Jacke*
marynarka [marinarka] — *Sakko*
płaszcz [puwaschtsch] — *Mantel*
spódnica [ßpudnitsa] — *Rock*
sukienka [ßukjenka] — *Kleid*
sweter [ßweter] — *Pullover*
spodnie (Pl.) [ßpodnje] — *Hose*
dżinsy (Pl.) [DSCHinßi] — *Jeans*
okulary (Pl.) [okulari] — *Brille*

TR. 60

ten [ten] — *dieser*
to [to] — *dieses*
ta [ta] — *diese* (Fem. Sg.)
te [te] — *diese* (Pl.)
go [go] — *ihn*
ją [jom] — *sie* (Fem. Sg. Akk.)
je [je] — *sie* (Pl. Akk.)
przymierzyć [pschimjeSCHitschj] — *anprobieren*
rozmiar [rosmjar] — *Größe*
nosić [noschjitschj] — *tragen*

emka [emka] *Größe M*
eska [eßka] *Größe S*
elka [elka] *Größe L*

TR. 61

model [model] *Modell*
kolor [kolor] *Farbe*
biały [bjauwi] *weiß*
brązowy [bronsowi] *braun*
czarny [tscharni] *schwarz*
czerwony [tscherwoni] *rot*
fioletowy [fjoletowi] *lila*
niebieski [njebjeßki] *blau*
różowy [ruSCHowi] *pink, rosa*
zielony [SCHjeloni] *grün*
żółty [SCHuwti] *gelb*
spojrzeć [spojSCHetschj] *schauen*

TR. 62

lubić [lubitschj] *mögen*
inny [inni] *andere(r, s)*
oczywiście [otschiwischjtschje] *selbstverständlich*
przymierzalnia [pschimjeSCHalnja] *Anprobekabine*
lada [lada] *Tresen*
pasować [paßowatschj] *passen*
idealnie [idealnje] *perfekt*
za duży [sa duSCHi] *zu groß*
za mały [sa mauwi] *zu klein*
za krótki [sa krutki] *zu kurz*
za długi [sa duwgi] *zu lang*
za szeroki [sa scheroki] *zu breit*
za wąski [sa wonßki] *zu eng*
cieszyć się [tschjeschitschj schje] *sich freuen*

Nun können Sie in einer polnischen Boutique Kleidung kaufen, nach der Größe und nach der Farbe fragen. Hören Sie sich zum Abschluss den gesamten Dialog an.

TR. 63

- Dzień dobry. Ta bluzka na wystawie bardzo mi się podoba. Mogę ją przymierzyć?
- Jaki rozmiar Pani nosi?
- Noszę rozmiar 38.
- Tej bluzki niestety nie mamy w Pani rozmiarze, ale ten sam model mamy w innym kolorze.
- W jakim kolorze?
- W zielonym
- Nie lubię zielonego koloru.
- Proszę spojrzeć. Mam tutaj niebieską bluzkę.
- Czy mogę ją przymierzyć?
- Oczywiście. Przymierzalnia jest obok lady.
- I jak? Pasuje na Panią ta bluzka?
- Tak, pasuje idealnie!
- Bardzo się cieszę!

Abschließend finden Sie hier ein paar Möglichkeiten, wie Sie mit wenigen Bausteinen auf einfache Weise verschiedene Sätze bilden können.

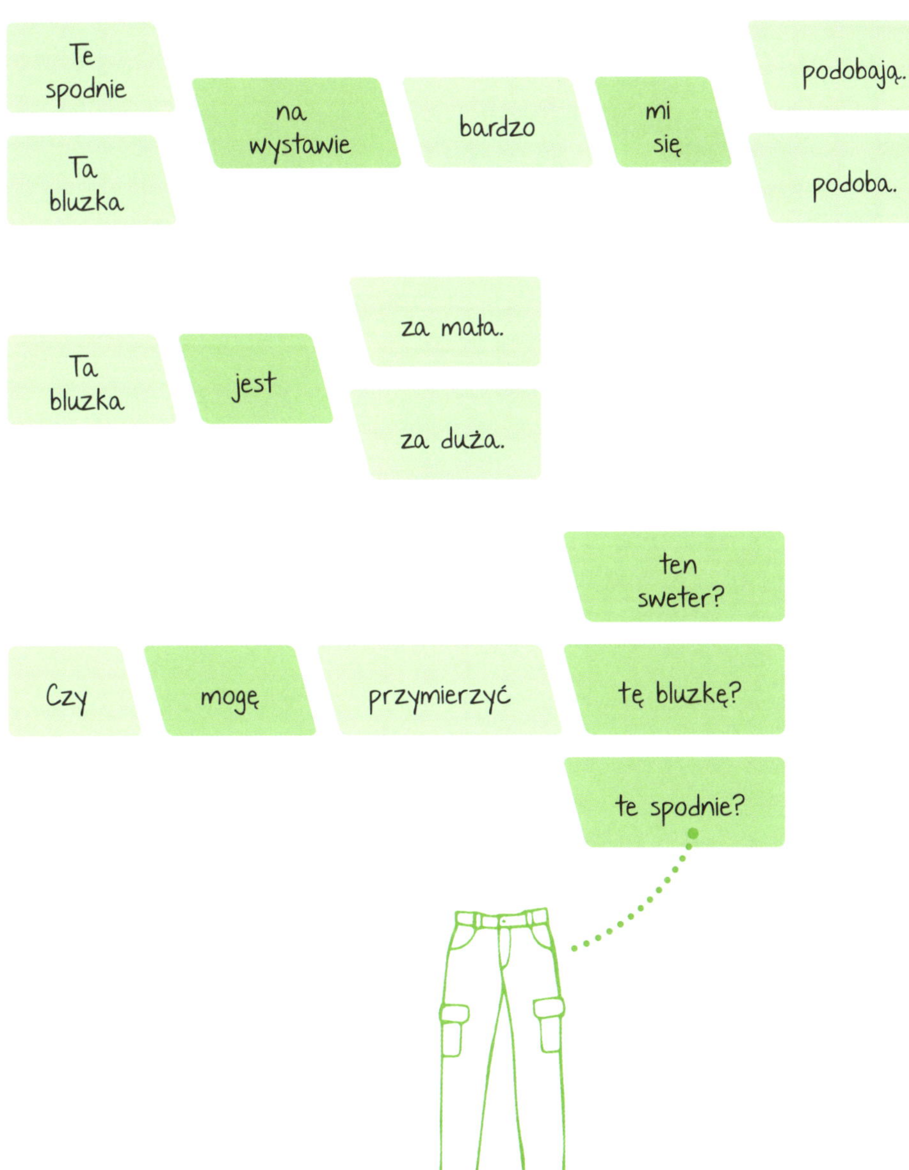

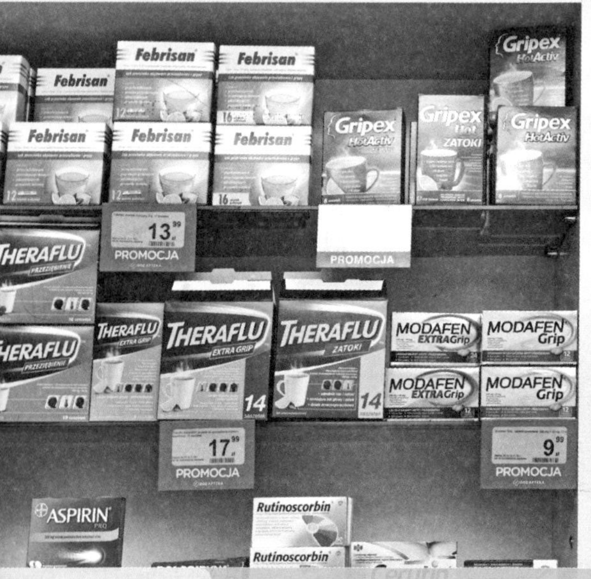

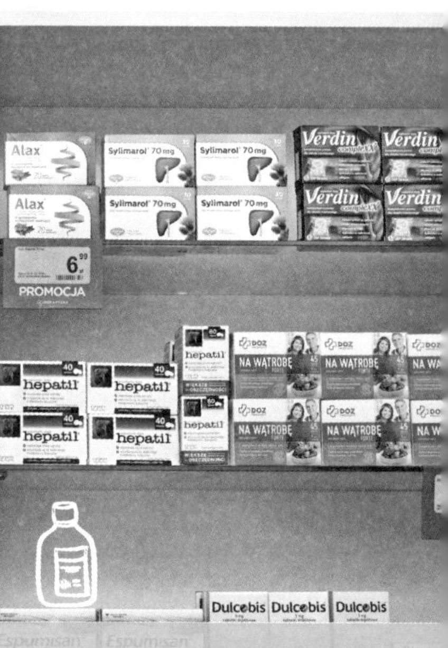

11 W APTECE

IN EINER APOTHEKE

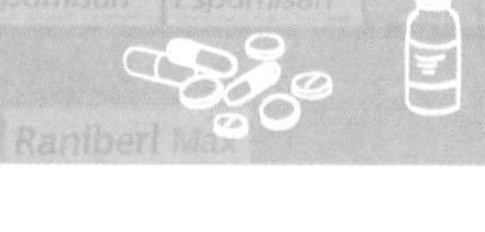

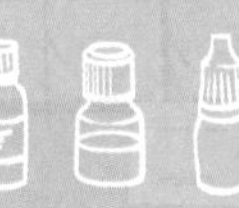

Bevor Sie die Einkaufsgalerie verlassen, wollen Sie noch kurz in die Apotheke. In dieser Lektion lernen Sie alle passenden Ausdrücke und Wendungen, um das Nötigste in einer Apotheke besorgen zu können. Dabei könnten Ihnen folgende Wörter, die Sie bereits kennen oder erschließen können, eine Hilfe sein.

apteka
Apotheke

lekarstwo
Medikament

gorączka
Fieber

gardło
Hals

tabletka
Tablette

nos
Nase

bóle
Schmerzen

katar
Schnupfen

alergia
Allergie

kaszel
Husten

Sie betreten eine Apotheke, denn Sie sind erkältet und haben festgestellt, dass Sie Ihre Reiseapotheke vergessen haben:

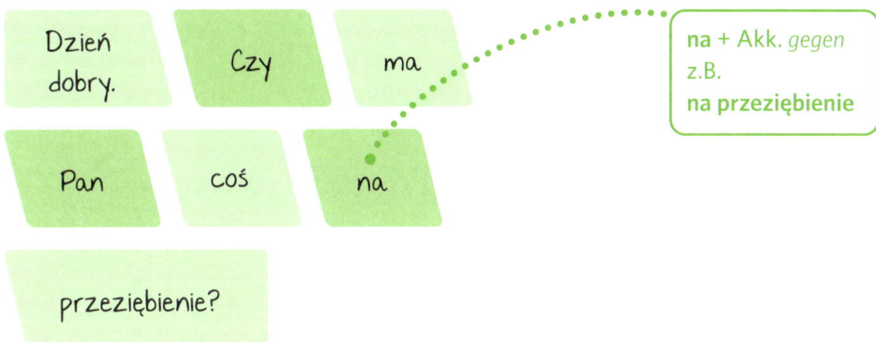

[dschjenj dobri. tschi ma pan tsoschj na pscheSCHjembjenje?]
Guten Tag. Haben Sie etwas gegen Erkältung?

In unserem Beispielsatz geht es um eine *Erkältung* **przeziębienie** [pscheSCHjembjenje]. Weitere mögliche *Krankheiten* **choroby** [horobi] haben wir für Sie nachfolgend zusammengestellt.

alergia [alergja] — *Allergie*
biegunka [bjegunka] — *Durchfall*
cukrzyca [tsukschitsa] — *Diabetes*
gorączka [gorontschka] — *Fieber*
grypa [gripa] — *Grippe*
kaszel [kaschel] — *Husten*
katar [katar] — *Schnupfen*
migrena [migrena] — *Migräne*

Sie werden nach Symptomen gefragt und beschreiben sie gleich genauer:

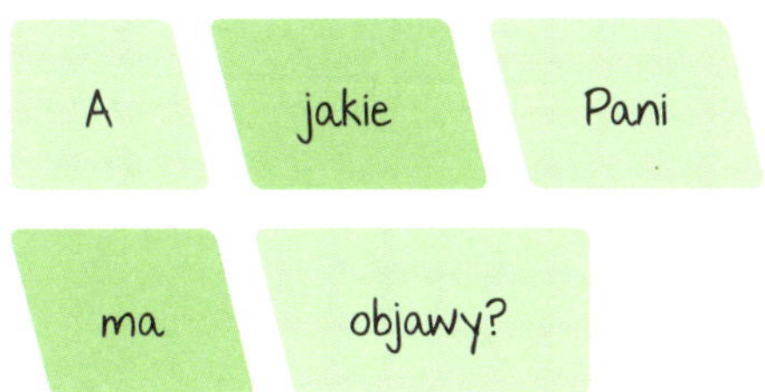

[a jakje panji ma objawi? - boli mnje garduwo i mam katar.]
Und welche Symptome haben Sie? – Mein Hals tut weh und ich habe Schnupfen.

Falls andere *Körperteile* **części ciała** [tschenschjtschji tschjauwa] weh tun, sollten Sie ihre Bezeichnungen kennen:

brzuch [bSCHuh]	*Bauch*
głowa [guwowa]	*Kopf*
noga [noga]	*Bein*
nos [noß]	*Nase*
oko [oko]	*Auge*
palec [palets]	*Finger*
plecy (Pl.) [pletsi]	*Rücken*
ręka [renka]	*Hand*
ząb [somp]	*Zahn*

In unserem Beispielsatz **Boli mnie gardło.** [boli mnje garduwo] *Ich habe Halsschmerzen.*, wird nach dem Verb **boleć** [boletschj] *wehtun* zuerst die Person genannt, die es betrifft. **Mnie** [mnje] *mich* ist die Akkusativform von **ja** [ja] *ich*. Erst danach wird der schmerzende Körperteil **gardło** [garduwo] *Hals* genannt und dieser steht im Nominativ. Achtung! Je nachdem, ob es sich bei dem schmerzenden Körperteil um ein Wort im Singular - z.B. **gardło** [garduwo] - oder im Plural - z.B. **plecy** [pletsi] *Rücken* - handelt, steht das Verb **boleć** in der 3. Person Singular, also **boli** [boli] *tut weh* - oder in der 3. Person Plural - **bolą** [bolom] *tun weh*.

Jetzt sind Sie dran.

Bilden Sie Sätze nach dem folgenden Muster.

1. gardło

Boli mnie gardło.

2. brzuch

.

3. plecy

.

4. zęby

.

5. głowa

.

Lösung
2. Boli mnie brzuch.
3. Bolą mnie plecy.
4. Bolą mnie zęby.
5. Boli mnie głowa.

Der Apotheker fragt jetzt nach weiteren Symptomen, um Ihnen das passende Medikament zu empfehlen:

[tschi ma panji tesch gorontschke i kaschel? - nje, nje mam.]
Haben Sie auch Fieber und Husten? - Nein, habe ich nicht.

Sie erfahren nun, welche Medikamente Sie einnehmen können:

[f takim raSCHje dam panji tabletki do ß-ßanja i krople do noßa]
In diesem Fall gebe ich Ihnen Lutschtabletten und Nasentropfen.

Folgende Bezeichnungen von *Medikamenten* **lekarstwa** [lekarßtfa] sollten Sie kennen:

antybiotyk [antibjotik]	*Antibiotikum*
krople do oczu (Pl.) [krople do otschu]	*Augentropfen*
lek homeopatyczny [lek homeopatitschni]	*homöopathisches Mittel*
lek przeciw alergii [lek pschetschif alergji]	*Mittel gegen Allergie*
maść lecznicza [machjtschj letschnitscha]	*Heilsalbe*
maść przeciwbólowa [maschjtschj pschetschjifbulowa]	*Schmerzsalbe*
syrop na kaszel [ßirop na kaschel]	*Hustensaft*
środek dezynfekujący [schjrodek desinfekujontsi]	*Desinfektionsmittel*
środek przeczyszczający [schjrodek pschetschischtschajontsi]	*Abführmittel*
tabletki nasenne (Pl.) [tabletki naßenne]	*Schlaftabletten*

Und jetzt sind Sie dran.

Wenn Wörter sehr lang sind und Sie Schwierigkeiten haben, diese auszusprechen, können Sie sie in Silben trennen. So fällt Ihnen ihre Aussprache leichter. Sprechen Sie die Wörter Silbe für Silbe aus, erst langsam und dann immer schneller.

1. prze-czysz-cza-ją-cy
[psche-tschisch-tscha-jon-tsi]

2. ho-me-opa-tycz-ny
[ho-me-opa-titsch-ni]

3. de-zyn-fe-ku-ją-cy
[de-sin-fe-ku-jon-tsi]

4. prze-ciw-bó-lo-wy
[psche-tschjif-bu-lo-wi]

Sie fragen, wie Sie die Medikamente anwenden sollen:

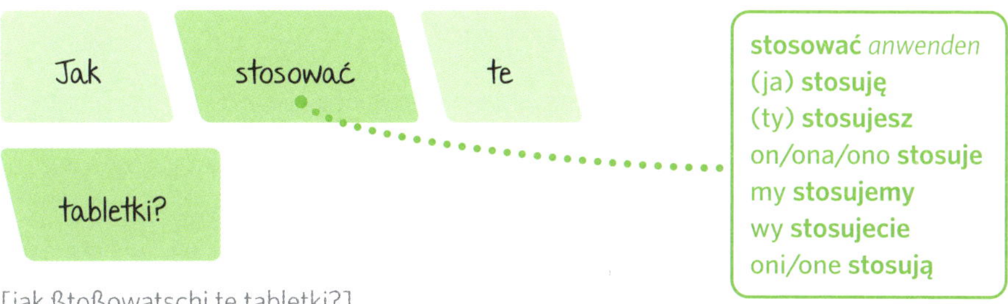

[jak ßtoßowatschj te tabletki?]
Wie soll ich die Tabletten anwenden?

Ihnen wird die Anwendung des Medikamentes erklärt:

[prosche ßßatschj jednom tabletke tso dwje godSCHjini. - rosumjem.]
Lutschen Sie eine Tablette alle zwei Stunden. - Ich verstehe.

Sie sollen die Tabletten *lutschen* **ssać** [ß-ßatschj]. Bei anderen Medikamenten können **połykać** [pouwikatschj] *schlucken* oder **zażywać** [saSCHiwatschj] *einnehmen* vorkommen. Abschließend fragt Sie der Apotheker, ob Sie noch etwas brauchen:

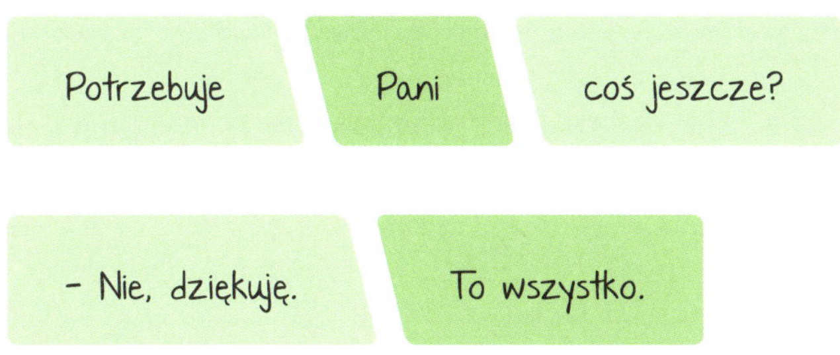

[potschebuje panji tsoschj jeschtsche? - nje, DCHjenkuje. to fschißtko.]
Brauchen Sie noch etwas? - Nein, danke. Das ist alles.

Und jetzt sind Sie dran.

Formulieren Sie folgende Fragen und Sätze mithilfe der Satzbausteine auf Polnisch.

1. **stosować | Jak | tę | maść | .** *Wie ist diese Salbe anzuwenden?*

2. **coś | Czy | gorączce | przeciw | ma | Pan | ?** *Haben Sie etwas gegen Fieber?*

3. **głowa | Boli | mnie | .** *Mein Kopf tut weh.*

4. **kaszel | i | Mam | biegunkę | .** *Ich habe Husten und Durchfall.*

5. **Czy | Pani | maść | ma | przeciwbólową | ?** *Haben Sie eine Schmerzsalbe?*

Lösung
1. Jak stosować tę maść?
2. Czy ma Pan coś przeciw gorączce?
3. Boli mnie głowa.
4. Mam kaszel i biegunkę.
5. Czy ma Pani maść przeciwbólową?

Jetzt sind Sie dran.

Manche Vokabeln haben es in sich: Sie wollen einfach nicht im Kopf bleiben. Sprechen Sie die Vokabeln einfach auf Ihr Handy auf und speichern Sie die Datei ab! So können Sie sich die widerspenstigen Vokabeln nebenbei immer wieder anhören und damit besser einprägen.

TR. 64

przeciw [pschetschjif] — *gegen*
przeziębienie [pscheSCHjembjenje] — *Erkältung*
choroba [horoba] — *Krankheit*
alergia [alergja] — *Allergie*
biegunka [bjegunka] — *Durchfall*
cukrzyca [tsukschitsa] — *Diabetes*
gorączka [gorontschka] — *Fieber*
grypa [gripa] — *Grippe*
kaszel [kaschel] — *Husten*
katar [katar] — *Schnupfen*
migrena [migrena] — *Migräne*

TR. 65

objawy (Pl.) [objawi] — *Symptome*
boleć [boletschj] — *wehtun*
gardło [garduwo] — *Hals*
części ciała (Pl.) [tschenschjtschji tschjauwa] — *Körperteile*
brzuch [bSCHuh] — *Bauch*
głowa [guwowa] — *Kopf*
noga [noga] — *Bein*
nos [noß] — *Nase*
oko [oko] — *Auge*
palec [palets] — *Finger*
plecy (Pl.) [pletsi] — *Rücken*
ręka [renka] — *Hand*
ząb [somp] — *Zahn*

TR. 66

dać [datschj] — *geben*
tabletki do ssania (Pl.) [tabletki do ßßanja] — *Lutschtabletten*
krople do nosa (Pl.) [krople do noßa] — *Nasentropfen*
lekarstwo [lekarßtfo] — *Medikament*

antybiotyk [antibjotik]	*Antibiotikum*
krople do oczu (Pl.) [krople do otschu]	*Augentropfen*
lek homeopatyczny [lek homeopatitschni]	*homöopathisches Mittel*
lek przeciwbólowy [lek pschetschjifbulowi]	*Schmerzmittel*
lek przeciw alergii [lek pschetschif alergji]	*Mittel gegen Allergie*
maść lecznicza [machjtschj letschnitscha]	*Heilsalbe*
maść przeciwbólowa [maschjtschj pschetschjifbulowa]	*Schmerzsalbe*
syrop na kaszel [ßirop na kaschel]	*Hustensaft*
środek dezynfekujący [schjrodek desinfekujontsi]	*Desinfektionsmittel*
środek przeczyszczający [schjrodek pschetschischtschajontsi]	*Abführmittel*
tabletki antykoncepcyjne (Pl.) [tabletki antikontseptsijne]	*Antibabypille*
tabletki nasenne (Pl.) [tabletki naßenne]	*Schlaftabletten*

TR. 67

stosować [ßtoßowatschj]	*anwenden*
ssać [ßßatschj]	*lutschen*
połykać [pouwikatschj]	*schlucken*
zażywać [saSCHiwatschj]	*einnehmen*

Hören Sie sich nun den gesamten Dialog in der Apotheke an.

TR. 68

- Dzień dobry. Czy ma Pan coś na przeziębienie?
- A jakie ma Pani objawy?
- Boli mnie gardło i mam katar.
- Czy ma Pani też gorączkę i kaszel?
- Nie, nie mam.
- W takim razie dam Pani tabletki do ssania i krople do nosa.
- Jak stosować te tabletki?
- Proszę ssać jedną tabletkę co dwie godziny.
- Rozumiem.
- Potrzebuje Pani coś jeszcze?
- Nie, dziękuję. To wszystko.

Abschließend finden Sie hier ein paar Möglichkeiten, wie Sie mit wenigen Bausteinen auf einfache Weise verschiedene Sätze bilden können.

12 NA DWORCU PKP
AM BAHNHOF

Sie wollen einen Ausflug in die polnische Hauptstadt Warszawa machen. Da Sie dorthin mit der Bahn fahren wollen, gehen Sie zum Bahnhof, um sich zu informieren und eine Fahrkarte zu kaufen. In dieser Lektion lernen Sie alle passenden Ausdrücke und Wendungen, um in dieser Situation problemlos zurechtzukommen. Dabei könnten Ihnen folgende Wörter, die Sie bereits kennen oder erschließen können, eine Hilfe sein.

bilet
Fahrkarte

pociąg
Zug

autobus
Bus

rozkład jazdy
Reiseplan

jechać
fahren

dworzec
Bahnhof

podróż
Reise

Sie erkundigen sich nach einem Zugticket, denn Sie wollen mit der Bahn fahren:

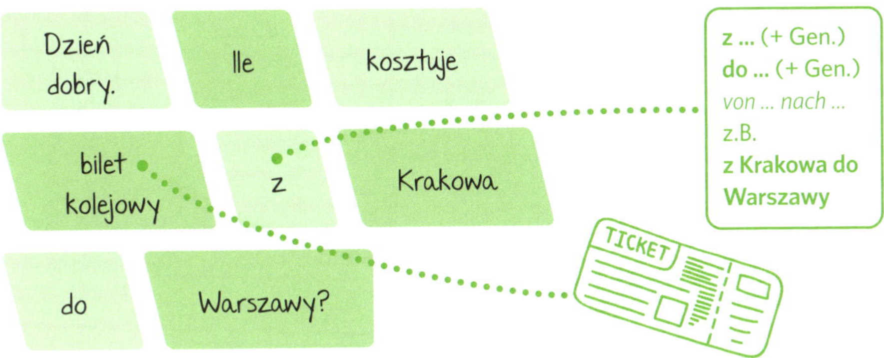

z ... (+ Gen.)
do ... (+ Gen.)
von ... nach ...
z.B.
z Krakowa do Warszawy

[dschjenj dobri. ile koschtuje bilet kolejowi ß krakowa do warschawi?]
Guten Tag. Wie viel kostet ein Zugticket von Krakau nach Warschau?

In unserem Beispielsatz auf dem *Zugbahnhof* **dworzec PKP** [dwoSCHets pekape] fragen Sie nach einem *Zugticket* **bilet kolejowy** [bilet kolejowi]. Alternativ dazu könnten Sie auch nach **bilet autobusowy** [bilet autobußowi] auf einem *Busbahnhof* **dworzec PKS** [dwoSCHets pekaeß] fragen.

Und jetzt sind Sie dran.

Bilden Sie Sätze nach dem folgenden Muster.

1. Kraków, Wrocław
Poproszę bilet z Krakowa do Wrocławia.

2. Wrocław, Warszawa

3. Gdańsk, Kraków

4. Kraków, Berlin

Genitivendungen
Maskulina **-(i)a** und **-u** (selten)
Neutra **-a**
Feminina **-y** und **-i**

Lösung
2. ... z Wrocławia do Warszawy.
3. ... z Gdańska do Krakowa.
4. ... z Krakowa do Berlina.

Der Bahnmitarbeiter am Schalter fragt Sie, wann Sie nach Warschau fahren wollen:

[to saleSCHi. kjedi chtse panji jehatschj? – f ßobote o ußmej rano]
Kommt darauf an. Wann wollen Sie fahren? – Am Samstag um acht Uhr morgens.

In der Frage des Bahnmitarbeiters taucht das Modalverb **chcieć** [htschjetschj] *wollen* auf. Nach der konjugierten Form des Modalverbs **chcieć** steht das zweite Verb im Satz ähnlich wie im Deutschen im Infinitiv, d.h. das zweite Verb wie z.B. **jechać** [jehatschj] *fahren* wird nicht konjugiert. Neben **jechać** [jehatschj] *fahren* gibt es im Polnischen eine Reihe der sogenannten Bewegungsverben. Dazu gehören **iść** [ischjtschj] *gehen*, **lecieć** [letschjetschj] *fliegen* und **płynąć** [puwinontschj] *schwimmen/mit dem Schiff fahren*. Analog zu unserer Beispielfrage könnten Sie also am *Flughafen* **port lotniczy** [port lotnitschi] / **lotnisko** [lotnißko] oder am *Seehafen* **port morski** [port morßki] die folgenden Fragen hören: **Kiedy chce Pan(i) lecieć?** [kjedi chtse pan(ji) letschjetschj?] *Wann wollen Sie fliegen?* oder **Kiedy chce Pan(i) płynąć?** [kjedi chtse pan(ji) puwinontschj?] *Wann wollen Sie (mit dem Schiff) fahren?*
Sie wollen mit dem Zug an einem *Samstag* **sobota** [ßobota] fahren. Nachfolgend sehen Sie die Namen aller *Wochentage* **dni tygodnia** [dni tigodnja] auf Polnisch:

poniedziałek [ponjeDSCHjauwek]	*Montag*
wtorek [ftorek]	*Dienstag*
środa [schjroda]	*Mittwoch*
czwartek [tschfartek]	*Donnerstag*
piątek [pjontek]	*Freitag*
sobota [ßobota]	*Samstag*
niedziela [njeDSCHjela]	*Sonntag*

Wird nach Wochentagen gefragt, kann entweder das Fragewort **Kiedy?** [kjedi?] *Wann?* oder die Frage **W który dzień tygodnia?** [f kturi DCHjenj tigodnja?] *An welchem Wochentag?* verwendet werden. In der Antwort wird die Präposition *an* **w** + Akk. [w] gebraucht, es heißt dann dementsprechend: **w poniedziałek** [f ponjeDSCHjauwek] *am Montag*, **we wtorek** [we ftorek] *am Dienstag*, **w środę** [f schjrode] *am Mittwoch*, **w czwartek** [f tschfartek] *am Donnerstag*, **w piątek** [f pjontek] *am Freitag*, **w sobotę** [f ßobote] *am Samstag* und **w niedzielę** [w njeDSCHjele] *am Sonntag*.
Sie wollen **w sobotę o ósmej rano** [f ßobote o ußmej rano] *am Samstag um acht Uhr morgens* fahren. Die Uhrzeiten sowie das Temporaladverb **rano** [rano] *morgens* kennen Sie bereits aus der Lektion 5.

Der Bahnmitarbeiter schaut im *Fahrplan* **rozkład jazdy** [roßkuwat jasdi] nach und gibt Ihnen eine genaue Auskunft:

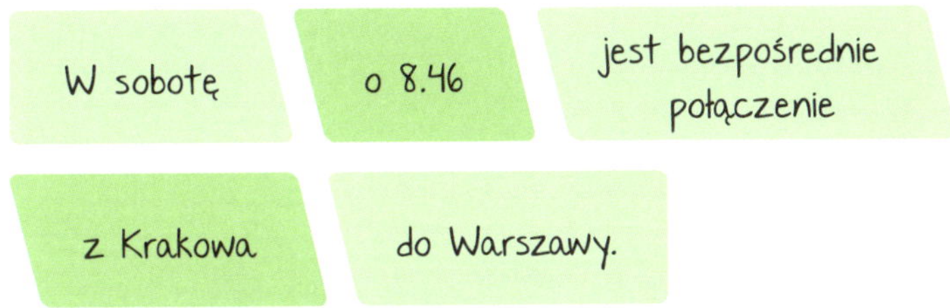

[f ßobote o ußmej tschterDCHjeschjtschji scheschjtschj jeßt beßposchjrednje pouwontschenje ß krakowa do warschawi]
Am Samstag um 8:46 Uhr gibt es eine direkte Verbindung von Krakau nach Warschau.

Sie erfahren, dass es eine *direkte Verbindung* **bezpośrednie połączenie** [beßposchjred-nje pouwontschenje] nach Warschau gibt. Hätte es sie nicht gegeben, hätte man Ihnen eine *Umsteigeverbindung* **połączenie z przesiadką** [pouwontschenje ß pscheschjat-kom] genannt.

Und jetzt sind Sie dran.

Ordnen Sie die passende Übersetzung zu.

Czy jest bezpośrednie połączenie do Poznania ...

1. w środę o czternastej? ____ **A** am Donnerstag um sieben Uhr abends
2. w środę o trzynastej? ____ **B** am Sonntag um neun Uhr
3. w niedzielę o dziewiątej? ____ **C** am Mittwoch um dreizehn Uhr
4. w niedzielę o dziesiątej? ____ **D** am Mittwoch um vierzehn Uhr
5. w czwartek o siódmej rano? ____ **E** am Sonntag um zehn Uhr
6. w czwartek o siódmej wieczorem? ____ **F** am Donnerstag um sieben Uhr morgens

Lösung
1. D, **2.** C, **3.** B, **4.** E, **5.** F, **6.** A

Als Nächstes fragen Sie nach dem Ticketpreis:

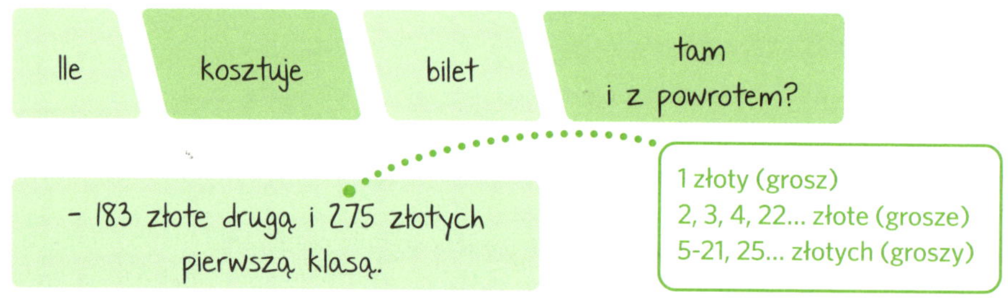

[ile koschtuje bilet tam i ß powrotem? – ßto oschjemDSCHjeschjont tschi suwote drugom i dwjeschjtschje schjedemDSCHjeschjont pjentschj suwotih pjerfschom klaßom]
Wie viel kostet ein Ticket für die Hin- und Rückfahrt? – 183 Zloty in der zweiten und 275 Zloty in der ersten Klasse.

Sie wollen wissen, was ein *Ticket für die Hin- und Rückfahrt* **bilet tam i z powrotem** [bilet tam i ß powrotem] kostet. Alternativ dazu kann man auch **bilet w obie strony** [bilet w obje ßtroni], wortwörtlich *in beide Richtungen* sagen. Ein *Ticket für die einfache Fahrt* heißt auf Polnisch **bilet w jedną stronę** [bilet w jednom ßtrone]; **bilet powrotny** [bilet powrotni] heißt *Ticket für die Rückfahrt*. Selbstverständlich ist es auch möglich, ein *Online-Ticket* **bilet internetowy** [bilet internetowi] zu kaufen.

Das Verb **kosztować** [koschtowatschj] *kosten* haben Sie bereits in der Lektion 3 kennen gelernt. Neu sind in dieser Lektion die Zahlen ab 100:

10 dziesięć [DSCHjeschjentschj]
20 dwadzieścia [dwaDSCHjeschjtschja]
30 trzydzieści [tschiDSCHjeschjtschji]
40 czterdzieści [tschterDSCHjeschjtschji]
50 pięćdziesiąt [pjentschjDSCHjeschjont]
60 sześćdziesiąt [scheschjtschjDSCHjeschjont]
70 siedemdziesiąt [schjedemDSCHjeschjont]
80 osiemdziesiąt [oschjemDSCHjeschjont]
90 dziewięćdziesiąt [DSCHjewjentschjDSCHjeschjont]

100 sto [ßto]
200 dwieście [dwjeschjtschje]
300 trzysta [tschißta]
400 czterysta [tschterißta]
500 pięćset [pjentschjßet]
600 sześćset [scheschjtschjßet]
700 siedemset [schjedemßet]
800 osiemset [oschjemßet]
900 dziewięćset [DSCHjewjentschjßet]

Bei Preisangaben muss auf die korrekten Endungen der polnischen Währung geachtet werden: Diese haben Sie bereits in der dritten Lektion kennen gelernt.

Und jetzt sind Sie dran.

Ergänzen Sie die Lücken passend zu den links genannten Ticketpreisen.

576 zł **1.** ______ siedemdziesiąt sześć złotych

123 zł **2.** sto ______ trzy złote

455 zł **3.** czterysta pięćdziesiąt pięć ______

899 zł **4.** osiemset ______ dziewięć złotych

322 zł **5.** ______ dwadzieścia dwa **6.** ______

Lösung
1. pięćset
2. dwadzieścia
3. złotych
4. dziewięćdziesiąt
5. trzysta
6. złote

Sie entscheiden sich für die Fahrt in der zweiten Klasse:

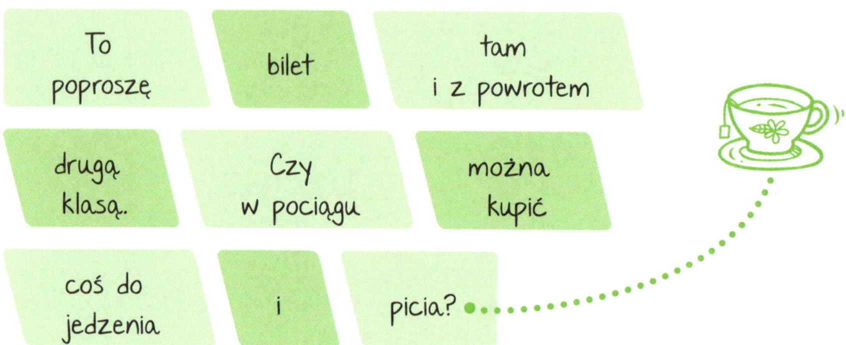

[to poprosche bilet tam i ß powrotem drugom klaßom. tschi f potschjongu moSCHna kupitschj tsoschj do jedsenja i pitschja?]
Dann hätte ich gern ein Ticket für die Hin- und Rückfahrt zweiter Klasse. Kann man im Zug etwas zu essen und trinken kaufen?

Da Sie keinen Reiseproviant mitnehmen wollen, fragen Sie nach, ob man im Zug etwas zu essen und trinken kaufen kann. Der Bahnmitarbeiter bejaht Ihre Frage:

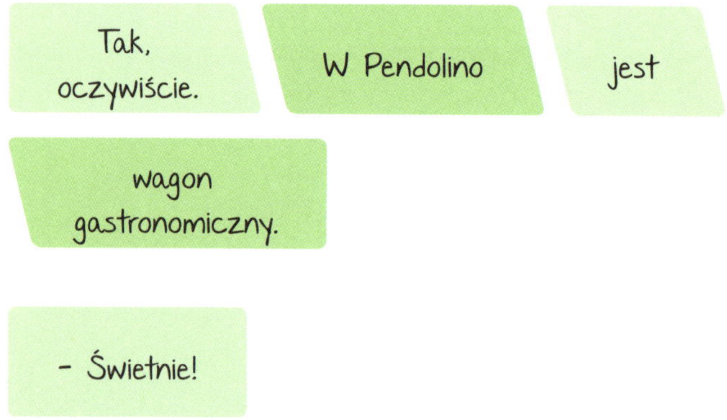

[tak, otschiwischjtschje. f pendolino jeßt wagon gaßtronomitschni. - schjwjetnje!]
Ja, selbstverständlich. Im Pendolino gibt es einen Speisewagen. – Ausgezeichnet!

In der Antwort des Bahnmitarbeiters taucht der Name **Pendolino** [pendolino] *Pendolino* auf; es handelt sich hierbei um den Namen eines Hochgeschwindigkeitszuges, der u.a. auf der Strecke **Kraków - Warszawa - Gdańsk** [krakuf - warschawa - gdanjßk] *Krakau - Warschau - Danzig* fährt.

Der Bahnmitarbeiter bedankt sich für Ihre Reservierung und wünscht Ihnen eine gute Reise:

[DSCHjenkuje sa reserwatsje i SCHitsche panji miuwej podruSCHi!]
Ich bedanke mich für die Reservierung und wünsche Ihnen eine gute Reise!

Das Verb **dziękować** [DSCHjenkowatschj] hat im Deutschen zwei Entsprechungen: *danken* und *sich bedanken*. In unserem Beispiel **dziękuję za rezerwację** [DSCHjenkuje sa reserwatsje] wird es mit *ich bedanke mich für die Reservierung* übersetzt. Anders als im Deutschen ist das polnische Verb nicht reflexiv und wird ohne das Reflexivpronomen *sich* [schje] **się** verwendet. Es gibt jedoch eine Gemeinsamkeit: Sowohl im Polnischen als auch im Deutschen bedankt man sich *für etwas* **za coś**, z.B. **za rezerwację** [sa reserwatsje] *für die Reservierung*. Nach der Präposition **za** [sa] *für* wird im Polnischen wie im Deutschen der Akkusativ verwendet; **rezerwację** [reserwatsje] ist die Akkusativform von **rezerwacja** [reserwatsja] *Reservierung*. Übrigens: Alle polnischen Substantive, die auf **-acja** enden, sind feminin und gehören zu den sog. Internationalismen, d.h. Wörtern, die es in mehreren Sprachen mit gleicher oder zumindest sehr ähnlicher Bedeutung gibt. Viele auf **-acja** endende Substantive haben ihre auf -ierung oder -tion endenden Entsprechungen im Deutschen, z.B. **rezerwacja** [reserwatsja] = *Reservierung*, **informacja** [informatsja] = *Information*, **ewakuacja** [ewakuatsja] = *Evakuierung*, **komunikacja** [komunikatsja] = *Kommunikation*.

Und jetzt sind Sie dran.

a)

Wer sagt welchen Satz? Ordnen Sie folgende Sätze dem *Mitarbeiter der Kundeninformation* **pracownik informacji** [pratsownik informatsji] bzw. dem *Fahrgast* **pasażer** [paßaSCHer] zu.

	pracownik informacji	pasażer
1. Poproszę bilet do Zielonej Góry.	☐	☐
2. Czy mogę prosić o rozkład jazdy?	☐	☐
3. O której godzinie chce Pan jechać?	☐	☐
4. O której godzinie jest bezpośrednie połączenie do Berlina?	☐	☐
5. W który dzień tygodnia chce Pani jechać?	☐	☐
6. Bilet drugą klasą kosztuje 296,78 zł.	☐	☐

Lösung
Pracownik informacji: 3, 5, 6. Pasażer: 1, 2, 4

b)

Verbinden Sie die polnischen Sätze mit ihrer deutschen Entsprechung.

1. Poproszę bilet do Zielonej Góry.	___	**A** Ein Ticket in der zweiten Klasse kostet 296,78 zl.
2. Czy mogę prosić o rozkład jazdy?	___	**B** Kann ich bitte den Fahrplan haben?
3. O której godzinie chce Pan jechać?	___	**C** Um wie viel Uhr gibt es eine direkte Verbindung nach Berlin?
4. O której godzinie jest bezpośrednie połączenie do Berlina?	___	**D** Um wie viel Uhr wollen Sie fahren?
5. W który dzień tygodnia chce Pani jechać?	___	**E** An welchem Wochentag wollen Sie fahren?
6. Bilet drugą klasą kosztuje 296,78 zł.	___	**F** Ich hätte gern eine Fahrkarte nach Grünberg.

Lösung
1. F, 2. B, 3. D, 4. C, 5. E, 6. A

Jetzt sind Sie dran.

Herzlichen Glückwunsch! Jetzt haben Sie in zwölf Lektionen ganz schön viel Polnisch gelernt und sind für viele Situationen in Polen vorbereitet. Dabei hat sich auch eine ganze Menge Vokabeln angesammelt. Damit alle im Gedächtnis bleiben, wiederholen Sie sie regelmäßig - immer in kleinen Portionen.

TR. 69

dworzec PKP [dwoSCHets pekape]	*Bahnhof, Zugbahnhof*
bilet kolejowy [bilet kolejowi]	*Zugticket*
bilet autobusowy [bilet autobußowi]	*Busticket*
dworzec PKS [dwoSCHets pekaeß]	*Busbahnhof*
to zależy [to saleSCHi]	*kommt darauf an*
kiedy [kjedi]	*wann*
chcieć [htschjetschj]	*wollen*
jechać [jehatschj]	*fahren*
iść [ischjtschj]	*gehen*
lecieć [letschjetschj]	*fliegen*
płynąć [puwinontschj]	*schwimmen/mit dem Schiff fahren*
port lotniczy [port lotnitschi]	*Flughafen*
lotnisko [lotnißko]	*Flughafen*
port morski [port morßki]	*Seehafen*

TR. 70

dni tygodnia (Pl.) [dni tigodnja]	*Wochentage*
poniedziałek [ponjeDSCHjauwek]	*Montag*
wtorek [ftorek]	*Dienstag*
środa [schjroda]	*Mittwoch*
czwartek [tschfartek]	*Donnerstag*
piątek [pjontek]	*Freitag*
sobota [ßobota]	*Samstag*
niedziela [njeDSCHjela]	*Sonntag*
W który dzień tygodnia? [f kturi DCHjenj tigodnja?]	*An welchem Wochentag?*

TR. 71

rozkład jazdy [roßkuwat jasdi]	*Fahrplan*
bezpośrednie połączenie [beßposchj-rednje pouwontschenje]	*direkte Verbindung*
połączenie z przesiadką [pouwont-schenje ß pscheschjatkom]	*Umsteigeverbindung*
bilet tam i z powrotem [bilet tam i ß powrotem]	*Ticket für die Hin- und Rückfahrt*
bilet w obie strony [bilet w objе ßtroni]	*Ticket für die Hin- und Rückfahrt*
bilet w jedną stronę [bilet w jednom ßtrone]	*Ticket für die einfache Fahrt*
bilet powrotny [bilet powrotni]	*Ticket für die Rückfahrt*
bilet internetowy [bilet internetowi]	*Online-Ticket*
bilet drugą klasą [bilet drugom klaßom]	*Zweite-Klasse-Ticket*
bilet pierwszą klasą [bilet pjerfschom klaßom]	*Erste-Klasse-Ticket*

TR. 72

dziesięć [DSCHjeschjentschj]	*zehn*
dwadzieścia [dwaDSCHjeschjtschja]	*zwanzig*
trzydzieści [tschiDSCHjeschjtschji]	*dreißig*
czterdzieści [tschterDSCHjeschjtschji]	*vierzig*
pięćdziesiąt [pjentschjDSCHjeschjont]	*fünfzig*
sześćdziesiąt [scheschjtschjDSCHjeschjont]	*sechzig*
siedemdziesiąt [schjedemDSCHjeschjont]	*siebzig*
osiemdziesiąt [oschjemDSCHjeschjont]	*achtzig*
dziewięćdziesiąt [DSCHjewjentschjDSCHjeschjont]	*neunzig*
sto [ßto]	*hundert*
dwieście [dwjeschjtschje]	*zweihundert*
trzysta [tschißta]	*dreihundert*
czterysta [tschterißta]	*vierhundert*
pięćset [pjentschjßet]	*fünfhundert*

sześćset [scheschjtschjßet] *sechshundert*
siedemset [schjedemßet] *siebenhundert*
osiemset [oschjemßet] *achthundert*
dziewięćset [DSCHjewjentschjßet] *neunhundert*

TR. 73

pociąg [potschjonk] *Zug*
coś do jedzenia [tsoschj do jedsenja] *etwas zu essen*
coś do picia [tsoschj do pitschja] *etwas zu trinken*
wagon gastronomiczny [wagon gaßtronomitschni] *Speisewagen*
dziękować [DSCHjenkowatschj] *danken, sich bedanken*
dziękować za [DSCHjenkowatschj sa] *sich bedanken für*
rezerwacja [reserwatsja] *Reservierung*
informacja [informatsja] *Information*
ewakuacja [ewakuatsja] *Evakuierung*
komunikacja [komunikatsja] *Kommunikation*

Nun können Sie eine Zugfahrkarte am Schalter kaufen. Hören Sie sich zum Abschluss den gesamten Dialog an.

TR. 74

- Dzień dobry. Ile kosztuje bilet kolejowy z Krakowa do Warszawy?
- To zależy. Kiedy chce Pani jechać?
- W sobotę o ósmej rano.
- W sobotę o godzinie 8.46 jest bezpośrednie połączenie z Krakowa do Warszawy.
- Ile kosztuje bilet tam i z powrotem?
- 183 zł za drugą i 274 zł za pierwszą klasę.
- To poproszę bilet tam i z powrotem drugą klasą. Czy w pociągu można kupić coś do jedzenia i picia?
- Tak, oczywiście, w Pendolino jest wagon gastronomiczny.
- Świetnie!
- Dziękuję za rezerwację i życzę Pani miłej podróży!

Abschließend finden Sie hier ein paar Möglichkeiten, wie Sie mit wenigen Bausteinen auf einfache Weise verschiedene Sätze bilden können.

ANHANG

DIE UMSCHRIFT

Im Polnischen gibt es einige Buchstaben, z.B. Nasalvokale und weiche Konsonanten, die es im Deutschen nicht gibt und deren Aussprache erst erlernt werden muss. Allerdings werden diese immer gleich ausgesprochen und die Aussprache unterliegt klaren Regeln.

Um Ihnen beim Erlernen der Aussprache zu helfen, wurde hier jedes Wort mit einer Umschrift versehen, die sich an der deutschen Sprache orientiert. Wenn Sie also die Angaben in den eckigen Klammern so lesen, wie man sie im Deutschen lesen würde, entspricht das ungefähr der polnischen Aussprache des Wortes. Hier finden Sie nochmals einen Überblick über die verschiedenen Umschreibungen, die wir für die polnischen Laute in diesem Buch gewählt haben.

WICHTIG VORAB:

- Ein Strich unter den Vokalen bedeutet, dass diese betont werden, z.B.: [tsentrum] **centrum**
- Werden Konsonantenverbindungen mit Großbuchstaben geschrieben, werden sie stimmhaft, also mit einem Summen ausgesprochen, z.B. [SCHel] **żel**

polnischer Laut	polnisches Beispiel	Umschrift	Aussprachehinweis
1. Vokale			
[a]	**bank** *Bank*	[bank]	kurzes a wie in Bank
[e]	**centrum** *Zentrum*	[tsentrum]	kurzes e wie in Zentrum
[i]	**kino** *Kino*	[kino]	kurzes i wie in Kino
[o]	**to** *das*	[to]	kurzes o wie in Mops
[u]	**panu** *dem Herrn* **mój** *mein*	[panu] [muj]	kurzes u wie in um
[y]	**my** *wir*	[mi]	kurzes i wie in Mist

2. Nasalvokale

[on] [o]	**pączek** *Berliner* **panią** *der Dame*	[pontschek] [panjo]	nasales o wie das on in Bonbon am Wortende nicht nasal, sondern wie o
[en] [e]	**ręka** *Hand* **proszę** *bitte*	[renka] [prosche]	nasales e wie das in in Cousin am Wortende nicht nasal, sondern wie e

3. Konsonanten

[ts]	**córka** *Tochter*	[tsurka]	wie das z in Zug
[ch]	**chlep** *Brot* **herbata** *Tee*	[hlep] [herbata]	wie das ch in Bauch
weiches [tsch] vor Vokalen [tschj]	**ćma** *Nachtfalter* **ciasto** *Kuchen*	[tschjma] [tschjasto]	die Zungenspitze ist unten und berührt die untere Zahnreihe, ähnlich wie ein weiches tch in Entchen
[tsch]	**czekolada** *Schokolade*	[tschekolada]	wie das tsch in Tschechien
[ds]	**rodzeństwo** *Geschwister*	[rodsenjßtfo]	d mit einem stimmhaften s (wie in Suppe)
weiches [dsch] vor Vokalen [dschj]	**dźwig** *Kran* **dzień** *Tag*	[DSCHjwik] [DSCHjen]	d mit nachfolgendem ź (siehe unten)
[dsch]	**drożdżówka** *ein kleines Hefegebäck* **drzewo** *Baum*	[droschDSCHufka] [DSCHewo]	wie das j in Job

[uw]	**łódź** *Boot*	[uwudschj]	die Lippen wie für ein u spitzen und ein angedeutetes w wie im Englischen wood sprechen
weiches [n] vor Vokalen [nj]	**dzień** *Tag* **niebieski** *blau*	[DSCHJenj] [njebjeßki]	wie das gn in Kognak
[R]	**robot** *Roboter*	[robot]	gerolltes r, die Zungenspitze liegt locker hinter den Schneidezähnen
[s]	**sos** *Soße*	[ßoß]	stimmloses s wie in heiß
[sch]	**szkoda** *schade*	[schkoda]	wie das sch in schade
weiches [sch] vor Vokalen [schj]	**środa** *Mittwoch* **siostra** *Schwester*	[schjroda] [schjoßtra]	die Zungenspitze ist unten und berührt die untere Zahnreihe, ähnlich wie ch in Gesicht
[s]	**zupa** *rot*	[supa]	stimmhaftes s wie in Sonne
weiches, stimmhaftes [sch] vor Vokalen [schj]	**źle** *schlecht* **zielony** *grün*	[SCHjle] [SCHjeloni]	die Zungenspitze ist unten und berührt die untere Zahnreihe, ähnlich wie ein weiches ch in ich
stimmhaftes [sch]	**żel** *Gel* **rzeka** *Fluss*	[SCHel] [SCHeka]	wie das j in Journal

Folgende Konsonanten wurden nicht aufgenommen, da sie (fast) gleich sind wie im Deutschen: b, d, f, g, l, m, n, p, t.

NOTFALLWORTSCHATZ

WENN'S SCHNELL GEHEN SOLL

Damit Sie nicht ständig hin- und herblättern müssen, haben wir für Sie zu guter Letzt noch einen kleinen Notfallwortschatz erstellt, der thematisch sortiert ist. Aber sicherlich sind Sie mittlerweile so fit geworden, dass Sie nur noch selten nachschauen müssen!

Höfliches

proszę bardzo [prosche bardso]	*bitte (sehr)*
dziękuję [DSCHjenkuje]	*danke*
dziękować za [DSCHjenkowatschj sa]	*sich bedanken für*
Dziękuję za informację. [DSCHjenkuje sa informatsje]	*Danke für die Information.*
Dziękuję, nawzajem. [DSCHjenkuje, nawsajem.]	*Danke, gleichfalls.*
nie ma za co [nje ma sa tso]	*nichts zu danken*
przepraszam [pscheprascham]	*Entschuldigung*
Przepraszam za pomyłkę. [pscheprascham sa pomiuwke]	*Entschuldigen Sie den Fehler.*
przepraszać za [pschepraschatschj sa]	*sich entschuldigen für*
Przykro mi. [pschikro mi]	*Es tut mir leid.*
Bardzo mi przykro. [bardso mi pschikro]	*Es tut mir sehr leid.*
Nic nie szkodzi. [nits nje schkoDSCHji]	*Es macht nichts.*
Coś się tu nie zgadza. [tsoschj schje tu nje sgadsa]	*Irgendetwas stimmt hier nicht.*
Wszystko się zgadza. [fschißtko schje sgadsa]	*Es stimmt alles.*
Coś tu jest nie tak. [tsoschj tu jeßt nje tak]	*Irgendetwas stimmt hier nicht.*
Smacznego. [ßmatschnego]	*Guten Appetit.*
Na zdrowie! [na sdrowje]	*Zum Wohl!*

Erste Begegnungen

dzień dobry [dschjenj dobri]	*guten Morgen, guten Tag*
pani [pani]	*die Dame, Frau (als Anrede)*
pan [pan]	*der Herr, Herr (als Anrede)*
dzień dobry paniom [DSCHjenj dobri panjom]	*(Guten Tag) die Damen*
dzień dobry panom [DSCHjenj dobri panom]	*(Guten Tag) die Herren*
dzień dobry państwu [DSCHjenj dobri panjstfu]	*(Guten Tag) die Herrschaften*
dobry wieczór [dobri wjetschur]	*guten Abend*
do widzenia [do widsenja]	*auf Wiedersehen*
cześć [tscheschjtschj]	*hallo, tschüs*
Życzę miłego dnia! [SCHitsche miuwego dnja!]	*Ich wünsche einen schönen Tag!*
Jak się nazywasz? [jak schje nasiwasch?]	*Wie heißt du?*
Jak się Pan(i) nazywa? [jak schje pan(i) nasiwa?]	*Wie heißen Sie?*
Nazywam się... [nasiwam schje ...]	*Ich heiße ...*
Miło mi. [miuwo mi]	*Angenehm.*
Mnie również. [mnje ruwnjesch]	*Mir auch.*
Skąd jesteś? [ßkont jeßteschj?]	*Woher kommst du?*
Jestem z... [jeßtem s...]	*Ich komme aus ...*
Jak to się nazywa po polsku? [jak to schje nasiwa po polßku]	*Wie heißt es auf Polnisch?*
Jak się to mówi po polsku? [jak schje to muwi po polßku]	*Wie sagt man das auf Polnisch?*
Mówię tylko trochę po polsku. [muwje tilko trohe po polßku]	*Ich spreche nur ein bisschen Polnisch.*
Rozumiem. [rosumjem]	*Ich verstehe.*
Nie rozumiem. [nje rosumjem]	*Ich verstehe nicht.*

Länder, Städte, Sprachen

Anglia [anglja] *England*
Czechy [tschehi] *Tschechien*
Estonia [eßtonja] *Estland*
Francja [frantsja] *Frankreich*
Hiszpania [hischpanja] *Spanien*
Niemcy [njemtsi] *Deutschland*
Polska [polßka] *Polen*
Rosja [roßja] *Russland*
Szwecja [schfetsja] *Schweden*
Turcja [turtsja] *die Türkei*
Ukraina [ukraina] *die Ukraine*
Węgry [wengri] *Ungarn*
Włochy [wuwohi] *Italien*
po polsku [po polßku] *auf Polnisch*
po niemiecku [po njemjetsku] *auf Deutsch*
po angielsku [po angjelßku] *auf Englisch*
Berlin [berlin] *Berlin*
Kolonia [kolonja] *Köln*
Monachium [monahjum] *München*
Gdańsk [gdanjßk] *Danzig*
Łódź [uwuDSCHj] *Lodz*
Poznań [posnanj] *Posen*
Warszawa [warschawa] *Warschau*
Wrocław [wrotsuwaf] *Breslau*

Beim Einkaufen

Czy jest...? [tschi jeßt...] *Gibt es ... (Sg.)*
Czy są...? [tschi son...] *Gibt es ... (Pl.)*
Niestety, nie ma. [njeßteti, nje ma] *Leider nicht.*
(po)proszę [(po)prosche] *Ich hätte gern ...*
jeszcze [jeschtsche] *noch*

Ile kosztuje...? [ile koschtuje...?] *Wie viel kostet ...?*
To kosztuje... [to koschtuje...] *Es kostet ...*
złoty [suwoti] *Zloty*
kilo(gram) [kilo(gram)] *Kilogramm*
litr [litr] *Liter*
dekagram, deko [dekagram, deko] *Dekagramm*
Czy to wszystko? [tschi to fschißtko] *Ist das alles?*
Czy coś jeszcze? [tschi tsoschj jeschtsche] *Noch etwas?*

Zahlen von 1 bis 10

jeden [jeden] *eins*
dwa [dwa] *zwei*
trzy [tschi] *drei*
cztery [tschteri] *vier*
pięć [pjentschj] *fünf*
sześć [scheschjtschj] *sechs*
siedem [schjedem] *sieben*
osiem [oschjem] *acht*
dziewięć [DSCHjewjentschj] *neun*
dziesięć [DSCHjeschjentschj] *zehn*

Zahlen von 11 bis 20

jedenaście [jedenaschjtschje] *elf*
dwanaście [dwanaschjtschje] *zwölf*
trzynaście [tschinaschjtschje] *dreizehn*
czternaście [tschternaschjtschje] *vierzehn*
piętnaście [pjentnaschjtschje] *fünfzehn*
szesnaście [scheßnaschjtschje] *sechzehn*
siedemnaście [schjedemnaschjtschje] *siebzehn*
osiemnaście [oschjemnaschjtschje] *achtzehn*

dziewiętnaście [DSCHjewjentna-schjtschje] *neunzehn*
dwadzieścia [dwaDSCHjeschjtschja] *zwanzig*

Zahlen von 10 bis 100

dziesięć [DSCHjeschjentschj] *zehn*
dwadzieścia [dwaDSCHjeschjtschja] *zwanzig*
trzydzieści [tschiDSCHjeschjtschji] *dreißig*
czterdzieści [tschterDSCHjeschjtschji] *vierzig*
pięćdziesiąt [pjentschjDSCHjeschjont] *fünfzig*
sześćdziesiąt [scheschjtschj-DSCHjeschjont] *sechzig*
siedemdziesiąt [schjedemDSCHjeschjont] *siebzig*
osiemdziesiąt [oschjemDSCHjeschjont] *achtzig*
dziewięćdziesiąt [DSCHjewjentschj-DSCHjeschjont] *neunzig*
sto [ßto] *hundert*

Zahlen von 100 bis 900

sto [ßto] *hundert*
dwieście [dwjeschjtschje] *zweihundert*
trzysta [tschißta] *dreihundert*
czterysta [tschterißta] *vierhundert*
pięćset [pjentschjßet] *fünfhundert*
sześćset [scheschjtschjßet] *sechshundert*
siedemset [schjedemßet] *siebenhundert*
osiemset [oschjemßet] *achthundert*
dziewięćset [DSCHjewjentschjßet] *neunhundert*

Im Hotel

W czym mogę pomóc? [ftschim moge pomuts?]	*Wie kann ich helfen?*
Mam rezerwację na nazwisko... [mam reserwatsje na naswißko...]	*Ich habe auf den Namen ... reserviert.*
imię [imje]	*Vorname*
nazwisko [naswißko]	*Nachname*
paszport [paschport]	*Reisepass*
dowód osobisty [dowut oßobißti]	*Personalausweis*
karta meldunkowa [karta meldunkowa]	*Gäste-Anmeldeformular*
adres [adreß]	*Adresse*
kraj [kraj]	*Land*
data urodzenia [data urodsenja]	*Geburtsdatum*
podpis [potpiß]	*Unterschrift*
Proszę podpisać. [prosche potpißatschj]	*Ergänzen Sie.*
Proszę uzupełnić. [prosche usupeuwnit-schj]	*Unterschreiben Sie.*
śniadanie [schjnjadanje]	*Frühstück*
obiad [objat]	*Mittagessen*
kolacja [kolatsja]	*Abendessen*
zamówić do pokoju [samuwitschj kolatsje do pokoju]	*aufs Zimmer bestellen*
pokój jednoosobowy [pokuj jednooßobo-wi]	*Einzelzimmer*
pokój dwuosobowy [pokuj dwuoßobowi]	*Doppelzimmer*
pokój z balkonem [pokuj sbalkonem]	*Zimmer mit Balkon*
pokój z widokiem na morze [pokuj swidok-jem na moSCHe]	*Zimmer mit Meerblick*
pokój ze śniadaniem [pokuj se schjnjadan-jem]	*Zimmer mit Frühstück*
parter [parter]	*Erdgeschoss*
piętro [pjentro]	*Etage*
parking [parkink]	*Parkplatz*

winda [winda] *Aufzug*
restauracja [reßtauratsja] *Restaurant*

Uhrzeit

Która jest godzina? [ktura jeßt goDSCHi-na] *Wie spät ist es?*
Od której do której godziny? [od kturej do kturej goDSCHini] *Von wann bis wann?*
O której godzinie? [o kturej goDSCHinje] *Um wie viel Uhr?*
czynny [tschinni] *geöffnet*
otwarty [otfarti] *geöffnet*
nieczynny [njetschinni] *geschlossen*
zamknięty [samknjenti] *geschlossen*
kwadrans [kfadranß] *Viertel*
wpół do [fpuw do] *halb*

Ordnungszahlen

pierwszy [pjerfschi] *erster*
drugi [drugi] *zweiter*
trzeci [tschetschji] *dritter*
czwarty [tschfarti] *vierter*
piąty [pjonti] *fünfter*
szósty [schußti] *sechster*
siódmy [schjudmi] *siebter*
ósmy [ußmi] *achter*
dziewiąty [DSCHjewjonti] *neunter*
dziesiąty [DSCHjeschjonti] *zehnter*
jedenasty [jedenaßti] *elfter*
dwunasty [dwunaßti] *zwölfter*
trzynasty [tschinaßti] *dreizehnter*
czternasty [tschternaßti] *vierzehnter*

piętnasty [pjentnaßti] *fünfzehnter*
szesnasty [scheßnaßti] *sechzehnter*
siedemnasty [schjedemnaßti] *siebzehnter*
osiemasty [oschjemnaßti] *achtzehnter*
dziewiętnasty [DSCHjewjentnaßti] *neunzehnter*
dwudziesty [dwuDSCHjeßti] *zwanzigster*

Im Restaurant

Czy ma Pan(i) wolny stolik dla dwóch osób? [tschi ma pan(i) wolni ßtolik dla dwuh oßup?] *Haben Sie einen freien Tisch für zwei Personen?*
dla jednej osoby [dla jednej oßobi] *für eine Person*
dla dwóch osób [dla dwuh oßup] *für zwei Personen*
dla trzech osób [dla tscheh oßup] *für drei Personen*
dla czterech osób [dla tschtereh oßup] *für vier Personen*
dla pięciu osób [dla pjentschju oßup] *für fünf Personen*
przy oknie [pschi oknje] *am Fenster*
na tarasie [na taraschje] *auf der Terrasse*
przy kominku [pschi kominku] *am Kaminofen*
Czy mogę zamówić coś do picia? [tschi moge samuwitschj tsoschj do pitschja?] *Kann ich etwas zu trinken bestellen?*
Czy mogę zamówić coś do jedzenia? [tschi moge samuwitschj tsoschj do jedsenja?] *Kann ich etwas zu essen bestellen?*
Możemy prosić o kartę win? [moSCHemi proschjitschj o karte win?] *Dürfen wir um eine Weinkarte bitten?*
Czy podać coś na deser? [tschi podatschj tsoschj na deßer?] *Darf ich Ihnen einen Nachtisch servieren?*
dla mojej żony [dla mojej SCHoni] *für meine Frau*
dla mojego męża [dla mojego menSCHa] *für meinen Mann*
Mogę prosić o rachunek? [moge proschitschj o rahunek] *Kann ich bitte die Rechnung haben?*

In der Stadt

Czy ma Pan(i) plan miasta? [tschi ma pan(i) plan mjaßta]	*Haben Sie einen Stadtplan?*
Chciałbym/Chciałabym zwiedzić... [htschjauwabim/htschjauwabim swjedschjitschj...]	*Ich möchte gerne ... besichtigen.*
Gdzie jest...? [gdschje jeßt...]	*Wo ist ...?*
Szukam... [schukam...]	*Ich suche ...*
Czy jest w pobliżu...? [tschi jeßt f pobliSCHu...?]	*Ist in der Nähe ...?*
tutaj [tutaj]	*hier*
tam [tam]	*dort*
To blisko stąd. [to blißko ßtont]	*Es ist nicht weit von hier.*
To niedaleko stąd. [to njedaleko ßtont]	*Es ist nicht weit von hier.*
To daleko stąd. [to daleko ßtont]	*Es ist weit von hier.*
stąd [ßtont]	*von hier aus*
blisko [blißko]	*nicht weit weg*
stamtąd [ßtamtont]	*von dort aus*
daleko [daleko]	*weit weg*
niedaleko [njedaleko]	*nicht weit weg*
pieszo [pjescho]	*zu Fuß*
autobusem [autobußem]	*mit dem Bus*
tramwajem [tramwajem]	*mit der Straßenbahn*
samochodem [ßamohodem]	*mit dem Auto*
iść [ischjtschj]	*gehen*
jechać [jechatschj]	*fahren*
skręcić [ßkrentschjitschj]	*abbiegen*
prosto [proßto]	*geradeaus*
w lewo [w lewo]	*nach links*
w prawo [f prawo]	*nach rechts*
skrzyżowanie [ßkschiSCHowanje]	*Kreuzung*
światła [schjwjatuwa]	*Ampel*
ulica [ulitsa]	*Straße*

aleja [aleja] *Allee*
plac [płats] *Platz*
rynek [rinek] *Marktplatz*
park [park] *Park*
most [moßt] *Brücke*
bankomat [bankomat] *Geldautomat*
toalety (Pl.) [toaleti] *Toiletten*
dworzec PKP [dwoSCHets pekape] *Bahnhof*
dworzec PKS [dwoSCHets pekaeß] *Omnibusbahnhof*
postój taksówek [poßtuj takßuwek] *Taxistand*
przystanek autobusowy [pschißtanek autobußowi] *Bushaltestelle*
przystanek tramwajowy [pschißtanek tramwajowi] *Straßenbahnhaltestelle*

Geschäfte und Institutionen

galeria handlowa [galerja handlowa] *Einkaufszentrum*
apteka [apteka] *Apotheke*
delikatesy (Pl.) [delikateßi] *Feinkostladen*
drogeria [drogerja] *Drogerie*
księgarnia [kschjengarnja] *Buchhandlung*
kwiaciarnia [kfjatschjarnja] *Blumengeschäft*
sklep spożywczy [ßklep ßpoSCHiftschi] *Lebensmittelgeschäft*
sklep elektroniczny [ßklep elektronitschni] *Elektrofachgeschäft*
sklep sportowy [ßklep ßportowi] *Sportgeschäft*
sklep obuwniczy [ßklep obuwnitschi] *Schuhgeschäft*
sklep z zabawkami [ßklep s sabafkami] *Spielwarengeschäft*
fryzjer [frisjer] *Friseur*
bankomat [bankomat] *Geldautomat*
jubiler [jubiler] *Juwelier*
optyk [optik] *Optiker*
szewc [schefts] *Schuhmacher*

zegarmistrz [segarmißtsch] *Uhrmacher*
muzeum [museum] *Museum*
kościół [koschtschjuw] *Kirche*

Kleidung

podobać się [podobatschj schje] *gefallen*
podoba mi się [podoba mi schje] *es gefällt mir*
Czy mogę przymierzyć...? [tschi moge pschimjeSCHitschj...?] *Kann ich ... anprobieren?*
przymierzyć [pschimjeSCHitschj] *anprobieren*
przymierzalnia [pschimjeSCHalnja] *Anprobekabine*
garnitur [garnitur] *Anzug*
koszula [koschula] *Hemd*
koszulka [koschulka] *T-Shirt*
kurtka [kurtka] *Jacke*
marynarka [marinarka] *Sakko*
płaszcz [puwaschtsch] *Mantel*
spódnica [ßpudnitsa] *Rock*
sukienka [ßukjenka] *Kleid*
sweter [ßweter] *Pullover*
spodnie (Pl.) [ßpodnje] *Hose*
dżinsy (Pl.) [DSCHinßi] *Jeans*
okulary (Pl.) [okulari] *Brille*
za duży [sa duSCHi] *zu groß*
za mały [sa mauwi] *zu klein*
za krótki [sa krutki] *zu kurz*
za długi [sa duwgi] *zu lang*
za szeroki [sa scheroki] *zu breit*
za wąski [sa wonßki] *zu eng*
To pasuje. [to paßuje] *Das passt.*
To nie pasuje. [to nje paßuje] *Das passt nicht.*

Farben

kolor [kolor] *Farbe*
biały [bjauwi] *weiß*
brązowy [bronsowi] *braun*
czarny [tscharni] *schwarz*
czerwony [tscherwoni] *rot*
fioletowy [fjoletowi] *lila*
niebieski [njebjeßki] *blau*
różowy [ruSCHowi] *pink, rosa*
zielony [SCHjeloni] *grün*
żółty [SCHuwti] *gelb*

Krankheiten

Boli mnie… [boli mnje…] *… tut weh.*
choroba [horoba] *Krankheit*
przeziębienie [pscheSCHjembjenje] *Erkältung*
alergia [alergja] *Allergie*
biegunka [bjegunka] *Durchfall*
cukrzyca [tsukschitsa] *Diabetes*
gorączka [gorontschka] *Fieber*
grypa [gripa] *Grippe*
kaszel [kaschel] *Husten*
katar [katar] *Schnupfen*
migrena [migrena] *Migräne*

Körperteile

części ciała [tschenschjtschji tschjauwa] *Körperteile*
brzuch [bSCHuh] *Bauch*
gardło [garduwo] *Hals*
głowa [guwowa] *Kopf*
noga [noga] *Bein*

nos [noß] *Nase*
oko [oko] *Auge*
palec [palets] *Finger*
plecy (Pl.) [pletsi] *Rücken*
ręka [renka] *Hand*
ząb [somp] *Zahn*

Medikamente

lekarstwo [lekarßtfo] *Medikament*
tabletki do ssania [tabletki do ß-ßanja] *Lutschtabletten*
krople do nosa [krople do noßa] *Nasentropfen*
antybiotyk [antibjotik] *Antibiotikum*
krople do oczu [krople do otschu] *Augentropfen*
lek homeopatyczny [lek homeopatitschni] *homöopathisches Mittel*
lek przeciwbólowy [lek pschetschjifbulowi] *Schmerzmittel*
lek przeciw alergii [lek pschetschif alergji] *Mittel gegen Allergie*
maść lecznicza [machjtschj letschnitscha] *Heilsalbe*
maść przeciwbólowa [maschjtschj pschetschjifbulowa] *Schmerzsalbe*
syrop na kaszel [ßirop na kaschel] *Hustensaft*
środek dezynfekujący [schjrodek desinfekujontsi] *Desinfektionsmittel*
środek przeczyszczający [schjrodek pschetschischtschajontsi] *Abführmittel*
tabletki antykoncepcyjne [tabletki antikontseptsijne] *Antibabypille*
tabletki nasenne [tabletki naßenne] *Schlaftabletten*
zastrzyk [saßtschik] *Spritze*

Wochentage

tydzień [tidschjenj] *Woche*
dni tygodnia [dni tigodnja] *Wochentage*
poniedziałek [ponjeDSCHjauwek] *Montag*
wtorek [ftorek] *Dienstag*
środa [schjroda] *Mittwoch*
czwartek [tschfartek] *Donnerstag*
piątek [pjontek] *Freitag*
sobota [ßobota] *Samstag*
niedziela [njeDSCHjela] *Sonntag*
W który dzień tygodnia? [f kturi DCHjenj tigodnja?] *An welchem Wochentag?*

Auf Reisen

rozkład jazdy [roßkuwat jasdi] *Fahrplan*
bezpośrednie połączenie [beßposchj-rednje pouwontschenje] *direkte Verbindung*
połączenie z przesiadką [pouwontschenje ß pscheschjatkom] *Umsteigeverbindung*
bilet tam i z powrotem [bilet tam i ß powrotem] *Ticket für die Hin- und Rückfahrt*
bilet w obie strony [bilet w obje ßtroni] *Ticket für die Hin- und Rückfahrt*
bilet w jedną stronę [bilet w jednom ßtrone] *Ticket für die einfache Fahrt*
bilet powrotny [bilet powrotni] *Ticket für die Rückfahrt*
bilet internetowy [bilet internetowi] *Online-Ticket*
bilet drugą klasą [bilet drugom klaßom] *Zweite-Klasse-Ticket*
bilet pierwszą klasą [bilet pjerfschom klaßom] *Erste-Klasse-Ticket*
lecieć [letschjetschj] *fliegen*
płynąć [puwinontschj] *schwimmen/mit dem Schiff fahren*

Bildnachweis

7 Shutterstock (Veronika Rumko), New York; **34, 49** Shutterstock (MSSA), New York; **1, 50, 54** Shutterstock (DiViArt), New York; **1, 64** Shutterstock (mhatzapa), New York; **93, 108** Shutterstock (frozenbunn), New York; **94, 106** Shutterstock (Kwok Design), New York; **137, 150** Getty Images (Fafarumba), München; **124, 136** Shutterstock (AuraArt), New York; **7** Shutterstock (Sashatigar), New York; **7** Shutterstock (Cinematographer), New York; **U1** Shutterstock (Fafarumba), New York; **182, 189** Shutterstock (Margarita Steshnikova), New York; **U1** Shutterstock (iconim), New York; **7** Shutterstock (artnLera), New York; **20** Shutterstock (smilewithjul), New York; **21** Shutterstock (almgren), New York; **21** Shutterstock (Kamieshkova), New York; **28** Shutterstock (Yuyula), New York; **33** Shutterstock (Costertoast), New York; **34** Shutterstock (Aeronautics), New York; **35** Shutterstock (Epine), New York; **50** Shutterstock (Ohn Mar), New York; **50** Shutterstock (Thomas Dekiere), New York; **58** Shutterstock (LHF Graphics), New York; **65** Shutterstock (olllikeballoon), New York; **65** Shutterstock (Ingus Kruklitis), New York; **65** Shutterstock (mhatzapa), New York; **78** Shutterstock (SchottiU), New York; **79** Shutterstock (jejim), New York; **92** Shutterstock (Daniela Barreto), New York; **93** Shutterstock (Martyn Jandula), New York; **93** Shutterstock (puruan), New York; **98** Shutterstock (wenchiawang), New York; **107** Getty Images (RobsonPL), München; **107** Shutterstock (Viktoriia_P), New York; **122** Shutterstock (Yuyula), New York; **123** Shutterstock (JosepPerianes), New York; **123** Shutterstock (Naumova Ekaterina), New York; **137** Shutterstock (Alexander Tolstykh), New York; **150** Shutterstock (handini_atmodiwiryo), New York; **151** Shutterstock (multiart), New York; **164** Shutterstock (insemar.vector.art), New York; **165** Shutterstock (marssanya), New York; **165** Shutterstock (Nataliia Sokolovska), New York; **177** Shutterstock (Anna in Sweden), New York; **177** Shutterstock (Valeriya_Dor), New York